景観にかける

国立《くにたち》マンション訴訟を闘って

石原 一子

新評論

はじめに

　この本の執筆作業は、平成一一年の夏から一八年三月三〇日に最高裁の「景観利益」の判決を獲得するまでのいきさつを書き散らかしていた資料などを整理するところからはじまった。

　私たちの民事裁判は、一段落したとはいえ、まだ明和地所と国立市長との行政裁判の最終結論が出ていない。ゆえに、私たちの身体を流れている波立った血流も完全には静まっているわけではない。この間、幾多の苦い思いを噛みしめてきた証を、自らのなかにも、また世の中の記憶のなかにもしっかり留めておこうと思い、貴重な体験の数々を運動に携わった実行部隊の手でまとめておくことにした。

　運動をすすめていくなかで、問題解決のためには「裁判所」を避けて通ることができなかった。このことに関しては、外から見えるものではないし字面を読んだだけでわかるものでもない。だからこそ、なんとか第三者に向かって国立マンション問題の真相を訴えたいと思い、マスコミ報道にも触れられず、当事者にしかわからないことを披瀝したつもりだ。ちなみに、この問題に関して何らかのかかわりがあったかのように書いている人がいるが、それは推測の域を出ていないはずだ。

この本の記述を通じて、普段裁判所に縁のない多くの人々にも法治国家日本の三権分立の一翼を担う「裁判所」というものを理解していただくよい機会だと思った。また、裁判に結実するまでの運動の過程を読んでいただくことによって、今日の日本の無秩序無防備な都市計画の実態がわかり、ある日、気がついたら、すぐ隣に目かくしをするかのような高いビルが建ってしまうという現実を認識してもらえるとも思っている。また同時に、最初はすべての面においてまったくの素人だった私たちが手探りではじめたものであったし、これからさまざまな市民運動にかかわられる方々には必ず参考になる実例がつまっていると自負している。

高島屋に勤めていたときは、私自身、朝早く家を出て夜遅く帰るという、余裕のない典型的な勤め人の日々を送っていた。心のなかではさまざまな葛藤をかかえながらも、好きな仕事をさせてもらっているのだからと気になりながらも、意識的にのみ込んでやり過ごしてきた。しかし、会社を離れて周りに目を向けてみると、いままでとは違う変化がひたひたと波打っていることに気がつきはじめた。長時間労働や上下関係の拘束から解き放たれてみて、ごく普通の、平凡な日常の気持ちよさというものを感じはじめたのだ。組織に組み込まれているときに感じた緊張感は、あるときは自分を卑屈にもしてしまうものである。自らの意志のままに、身体を自由に動かすことができるのはやはりすがすがしい。

社会人として成長し、サラリーマンとして充実した人生を送って定年を迎え、それからの第二の人生がこれまで以上に長くなる場合が多くなってきている。人生最後の学習が市民運動であれば、それこそ生涯をかけた学習と言えるのではないだろうか。言い換えれば、人生の七合目にさしかかって頂上をめざし、実り多い人生の最後を飾るべき活動と言えるのではないだろうか。解き放たれた心で歩み続けることができるのは、何と言っても最高の気分だ。

いままで身につけた経験や知恵、そして勘を活用する場は、家族のなかへ戻って温かい輪のなかでも生かしていけるし、そのなかで行う市民運動は金銭に置き換えられるものではないし、必ずやり甲斐を感じるはずだ。会社定年は、人生の定年ではなくこれからの第二の人生の出発点であり、それぞれの方がこれまでに体得したすべてのことを本来もっている穏やかな顔つきのもとに生き生きと引き出されていくことだろう。言うならば、企業社会から市民社会に戻ることによって自分の足で立ち、直に触れ合える人間関係が生まれてくるのだ。

私自身、今回の運動を通してこのことを痛切に感じた。そのため、この本においては、私自身の生い立ちや髙島屋時代のことも記させてもらった。私自身の人生の転換期を記すことで、いま述べたことを証明していきたい。

会社での任務をまっとうしたら、勇気をもって市民運動へ飛び込んで欲しい。そして、一人だけで未知の世界に入っていくのではなく、子育てや家庭をまかせっきりにしてきた伴侶とともに手を取り合って市民運動に取り組んで欲しい。喜びを分ちあいながら、地域のために力を注いで欲しい。

平成一八年の最高裁の判決で国立市の明和マンションの問題が片付いたわけではない。むしろ、これから「景観」が紛争の主役になるに違いない。この間に、「景観法」ができたにもかかわらず、いまだに日本中の至る所で近隣の住民を無視したマンション紛争が頻発している。そこで、私たちの運動を一過性に終わらせず、全国の紛争に知恵と腕を貸そうと思って「景観市民運動全国ネット」を立ち上げ、二年近くが経った。

この間、全国ネットには来訪者が絶えず、各メンバーも力をつけてきており、毎月の会合では一喜一憂しながらもその報告の中味も濃くなりみんなの意識が高くなってきた。はっきり言えることは、これからの日本中の街々は、市民が声をかけ合って守り、決して行政をあてにしてはいけないということだ。地方行政がこれほど頼りにならず、その上ビジョンも市民レベル以下という時代はこれまでなかったように思う。

この原稿をまとめている最中、平成一九年四月二二日、地元国立市の市長選がはじまった。誰もが勝てると思わなかった選挙になぜ勝てたのか。それは、アミーバー集団と言われた私たちが、国立の駅舎を、大学通りの景観を、守りたいという使命観を市長候補に託したからだ。「選挙は水もの」と言うが、人の心に訴えるものをもっていれば必ず相手に伝わるものだ。もちろん、私自身も朝立ちもしたし、雨のなかで旗持ちもした。そして、悔いのない戦いを制して勝利したのだ。

あとで聞いた話だが、私たちの姿を見た人たちが、「石原さんがあそこまでやるのだから応援しようと思った」と言ってくれた。これこそ、市民参加の選挙であり、市民の願いが国立市を守ったと言えるのではないだろうか。

私はもともとすぐ熱くなる性格で、冷静の対極にいる人間だ。学校を卒業して以来ずっと仕事をしている人間であり、その仕事に対しても私は手を抜くことはしなかった。いつも全力投球で、身も心も惜しまず力を出し切るというのが私のやり方である。だから、大きな声も出すし、強引と思われることも多々ある。しかし、よくしたもので、いつも私は私以上に能力のある参謀に恵まれてきた。

髙島屋がM&Aをかけられたダイエー事件のときも、営業の仕事で予算を達成して成績を上げたときも部下に恵まれていた。自分より秀れた部下をもちたがらない上役も多いようにも思う。私は逆に、自分より優れた部下たちによって成果を上げてこられた。このことは、組織の大小を問わず、人の力を結集して結果を出す場合には心に留めておかなければならないことだと思う。

七年にも及ぶ国立のマンション闘争において、残念ながらあの建物そのものを撤去することができなかったが、優れた仲間たちとの出会いによって、最高裁から「景観利益」は法的保護に値するとのお墨付きをいただいた。日本のおそまつな都市計画に、そしてその不備に、これまで多くの市民たちが苦しんできたのだ。そして、この判決が根拠となり、銀座の高層ビル案は消えた。

無謀な開発には「さようなら」を告げ、「まち」を美しく保全する方向に進むべきだ。行政が勝手に過去に立てたプランをもとにして開発を推し進めていくことは、いまや不毛としか言いようがない。もう、右肩上りを期待する頭で、さも経済成長に結びつくかのような手法は通用しない。できるかぎり、自然環境、樹木、そして空を人の目の高さで考えるべきだ。樹一本一本に生命があり、私たちと共存するものであるととらえるべきである。

まちを美しくする方法は「開発」ではない。皇居前だけが美しい東京は、いったい誰のためのまちなのだろうか。高層建築はビジネス街にとどめ、市民が生活しているところは、低層のすっきりした空間でありたい。本来の人間の生きる環境を取り戻そう！　碧い空、深い緑、土のにおいを、私たちの周りに取り戻そう！　今からでも遅くない。なんとか、自然も人間も元気あふれる生き生きとしたまちを、私たちの手で取り戻そうではないか。

市民運動の素晴らしいところは、経歴の違い、性別や年齢に関係なく利害を越えて生まれる連帯の魂の芽生えである。会社人間では決して生まれない、すがすがしい同志による運動が魅力だ。市民運動に上下関係はない。同じ現場に立って手をつなぐ、この連帯感はいくつになってもワクワクとする。このことを、この年齢になって感じられたことを改めて感謝する。そして、そのことを読者のみなさんに感じてもらえればと願っている。

もくじ

終章　景観市民運動全国ネットの設立　259

景観にかける——国立マンション訴訟を闘って

第1章

私のバックグラウンド

▶——身体のなかには満州がつまっている

大連埠頭の船客待合所
（『財団法人　満鐵會六十年の歩み』財団法人　満鐵會、2006年より）

大連市

私にとって、日本国は外からやって来た国である。もちろん、両親は純粋な日本人であるが、私が生まれた国ではない。いまさら何を言うのかと思われるかもしれないが、大学に入るためにやって来た国だという意識はずーっともち続けており、満州の（いまの中国の人はこの呼称を嫌い「東北地区」と言うそうだ）あの広い原野に沈む太陽の原体験は打ち消しがたい。生まれてから女学校四年を卒業するまでの体験を中心に、満州のなかでの「私」を思い切り語ってみることにする。

現在は地図の上からは消えてしまった満州の、遼東半島の先端に位置する大連港。私の生まれた大連市は、かの有名な日露戦争（一九〇四～一九〇五）の戦場となった旅順とは鉄道でつながっている。古くはロシアの南下政策の一大拠点として、「東洋のパリ」と言われてアカシア並木が放射状に広がり、整然とした大都会だった。

私の両親は富山県高岡市の出身で、母はこの高岡を「雪深い曇天の多いところで、一年を通じて晴天は一か月ぐらいだ」と言っていた。その母が日本郵船の船で大連港に着いた日は、青空で雲一つない「満州晴れ」であったらしい。「あー、こんなすばらしい空のもとでこれから一生を送ることができるのだ」と、一九歳の母は心から叫んだという。私は、南満州鉄道株式会社（以下、満鉄）に勤めていた父と、こんな母の長女として一九二四年（大正一三年）一〇月二二日に生まれた。両親にとっては結婚五年目で授かった、待ちに待った子どもであった。

　そのころの父の手記によると、私は大連市内の東洋一を誇る満鉄病院で生まれた。満鉄病院の隣りに、「関東館」と呼ばれていた満鉄のアパートがあった。中堅社員クラスが住むアパート（いまのマンション）で、当時としては非常にすばらしい建物であった。すぐ前には満鉄本社が厳と位置し、さすが「満鉄王国」という感であったそうだ。

「一子の幼時は殆ど毎日の如く暇があれば南山寮（独身寮）の前の池の辺りを抱いて散歩した」と、手記にある。両親は最初の子どもである私を、自分たちの出身地である北陸に多い「佝僂病《くるびょう》」（1）を案じ、池のある近くの公園に毎日日光浴に連れ出したそうだ。そのため、どうやら幼児期の私は、新鮮な空気と太陽を思う存分

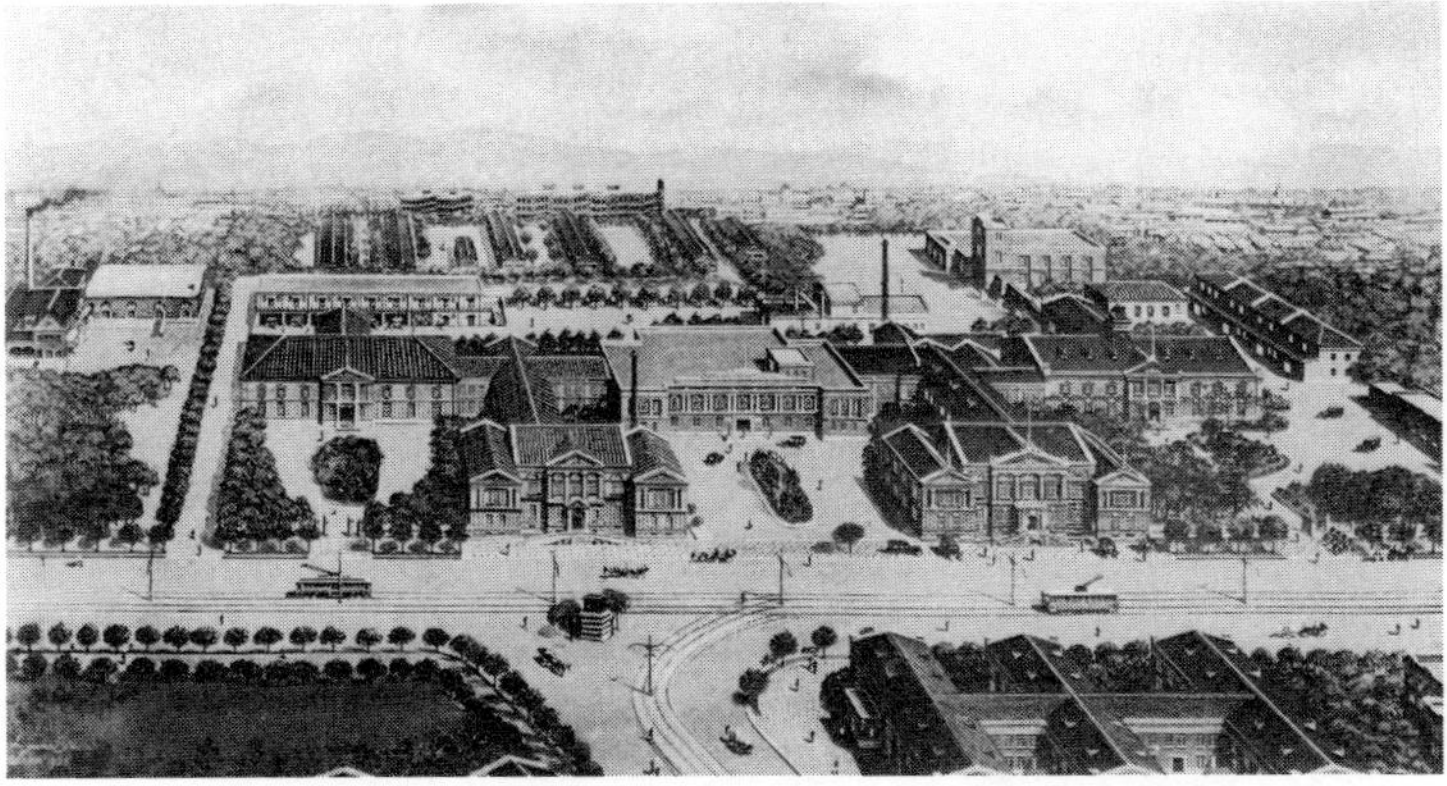

満鉄本社（『財団法人　満鐵會六十年の歩み』財団法人　満鐵會、2006年より）

浴びることができたようだ。
「池にはボートが浮んで、日曜、休日は賑やかで、この付近一帯は大連市の高台で空気がよく、見晴絶頂で実に環境のよい健康地であった」と、手記には記されている。

小学校時代

小学校は大連市近郊の「日本橋小学校」で、私の住んでいた周水子（大連の郊外）からは一五分ほどかけての汽車通学だった。同じように汽車通学をしていた子どもたちは十数名ほどいた。いま覚えていることと言えば、担任の先生は女性であって、男女組で二年のときには級長をやったように思う。級長といっても、「起立、礼、着席」と号令をかけただけのように思う。

その後、父の転勤で大連市の青雲台に移り、嶺前小学校へ転校した。この嶺前小学校には山の手の高級官僚意識の強い子どもが多く、なんだか肌に馴染まなかった。現に、青雲台というところは丘の上にある住宅地で、周水子駅のそばにあった社宅と比べて一戸建ての瀟洒な家が立ち並ぶ高級住宅地だった。

のちに「髙島屋」に入社してかなり経ったころ、「石原一子」の名前で「初めての女性部長誕生」という記事が雑誌などに載ったとき、ある方から「旧姓は土倉一子さんではないですか」という問い合わせが人事部にあった。お会いすると、「青雲台のときに隣に住んでいた見坊という者だ」と名乗られた。この方は、当時としては珍しく電気掃除機の音がした家に住んでおられ、体を壊して静養中だったということもあってときどきお目にかかった人だということを思い出した。山口高校から東京大学の文学部を出られて、『三省堂国語辞典』などの編集をなさっていた国語学者の見坊豪紀《けんぼうひでとし》（一九一四～一九九二）氏その人だった。山口高校の「同窓会記」に、満州生活の思い出として私のことも取り上げてくださっている。岡本綺堂[2]が描く女の子のように書かれており、「いつも赤ん坊を背中におんぶして元気で原っぱを飛び回っていた」と記されていた。

この青雲台時代に、上から四番目の弟が生まれた。父がハルビンに出張中だったので、産気づいた母のことを知らせに坂の下の電話のあるお宅に行き、病院へ連絡をした。「よく気のつくお嬢さんですね」と、その家の人にほめられたことを覚えている。それ以外の思い出としては、夏に夏家河子の海水浴場まで汽車に乗って近所の家族といっしょに行ってクラゲにさされて一晩中熱にうなされたことや、秋の夕方に「栗ぬくーい」、「栗ぬくーい」と満人のおじさんが売りに来たことも思い出される。そして、大連のダウンタウンにあった「電気遊園地」に連れていってもらい、何度もメリーゴーランドに乗ったことも覚えている。

（1）成長過程の骨の石灰化に障害が起こることで発生する骨の病変。
（2）一八七二～一九三九。大正・昭和の劇作家。「番町皿屋敷」「半七捕物帖」などが有名。

大連港は自由港だったために輸入品が豊富にあり、税金がかからない分当然値段も安く、コティの化粧品、ハーシーのチョコレート、ヘンケルのカミソリ、ジョニーウォーカーなどのブランド品が「満鉄消費組合」（名前は野暮だが）に多々陳列されていた。この消費組合は、旧ソ連の「コペラチーフ（кооператив）」（協同組合売店）を真似たもので、高級デパートそのものであった。母も私たちも、ここに行くときは一張羅で、ここの食堂で食事をすることが胸のわくわくするほどの喜びだった。

また、強烈な幼児体験の一つとして、遠くに見える地平線に沈む大きくて真っ赤な夕陽がある。空気が澄んでいたせいもあり、輪郭のくっきりとした赤い大きな太陽が高粱《こうりゃん》畑の先の地平線に沈んでいく光景はこわいほどだった。これが、いまでも目を閉じると浮かぶ私の夕陽に対する原風景である。

南の大連から北のまちハルビンへ——時間にして一三時間半

一九三四年（昭和九年）、ハルビン（現・国龍江省の省都）へ父が転勤することになった。

大連からハルビンまでは、かぎりなく高粱畑が広がっているところを列車で進んでいく。線路の上を走る車輪の振動がリズミカルに身体に伝わってきて、ゆったりとした気分になる。大連から奉天（現・瀋陽）を経由して新京（現・長春）までは約七〇〇キロメートルある。新京より北は鉄道のレールの幅が違うため、当時はまだロシアが経営していた東清鉄道に乗り換えることになっていた。ここからハルビンまでは約二四〇キロメートルである。

新京の駅で乗り換えたとき、駅のプラットフォームに小さな踏み台を置いて汽車に乗り込んだことをいまでも鮮明に覚えている。大きな、背の高い汽車に乗り換えた。映画で観るようなヨーロッパ風の列車で、片側が通路になっており、オリエント急行のように一部屋ごとに仕切られたコンパートメントが並ぶ、異国情緒を満喫できる列車だった。

そんな車内を、肩から箱を下げた大きな男がパンを売りに来る。とくに、ピロシキ（なかに肉の入った揚げパン）はとてもおいしく、いままで食

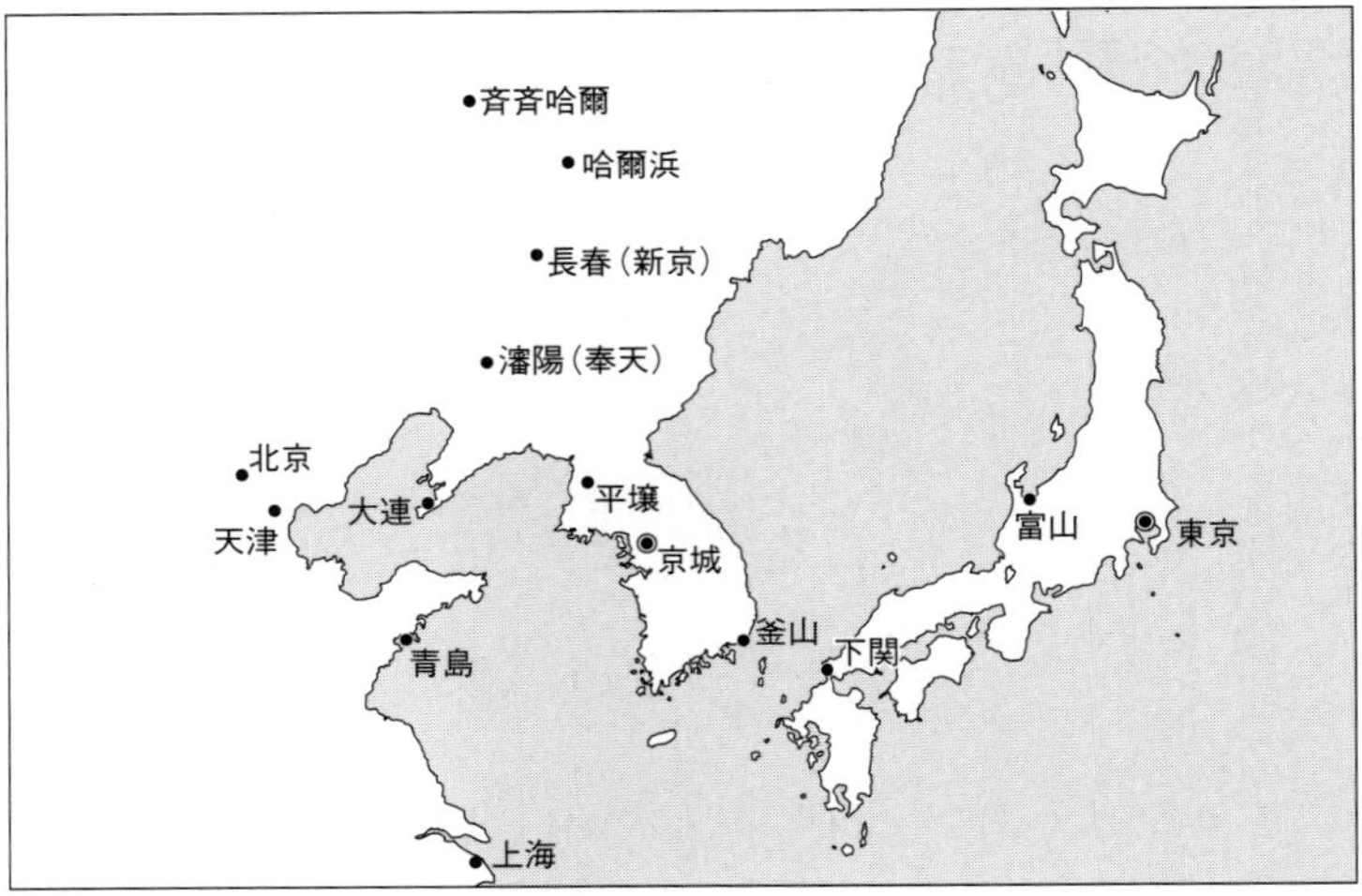

べたことのない味の揚げパンだった。食事のときは、シャーロックホームズに出てくるような食堂車で、大きな車窓からかぎりなく広がる景色を眺めながらナイフとフォークで食事をとった。私にとって、生まれて初めての正式の西洋料理だった。小学校三年生の秋のことである。

ハルビンの冬は

この地の冬の寒さ（一〇月〜三月）といったらたとえようがない。一月の末ごろにはマイナス三〇度近くなるため、冬の仕度として二重になっているガラス窓のすきまを埋めるために目張りをし、さらに外窓と内窓の間には綿を置く。その壁の幅はレンガ三枚分ほどの厚さがあるから、そこが冷蔵庫代わりにもなる。正月などには餃子や餅を凍らせて、食べるときに戻して軟らかくしていただいた。

部屋のなかは半袖で過ごせるほど暖かい。外へ出るときは、その上にセーター、外套またはシューバ（毛皮のオーバー）を着て、手袋、帽子（耳を隠すもの）をかぶって大きなマスクをして出かけなければならない。というのも、外へ出て冷たい空気を吸うと鼻がピタッとくっついてしまったり、ノドをやられてしまうからだ。もちろん、靴もなかに毛皮のついた防寒靴（ブーツ）をはく。

日本から直接ハルビンに着いたばかりの人が寒さの怖さを知らず、たとえば芸者さんのように抜衣紋《ぬきえもん》(3)に日本髪で帽子もかぶらずにひと冬を過ごすと、寒さのために必ず頭がおかしくなるということもよく聞いた。同じ満州でも、大連とはまったく違う寒さである。

新京以北は厳しい寒さではあるが、日本の気候とまったく違って三寒四温の大陸性気候で、冬でも大雪が降ることはなく乾燥している。四月には蒙古風、黄色風が吹き荒れて三日三晩にわたって昼間でも暗い日が続く。車はヘッドライトをともし、頭からスカーフをかぶらなければとても歩けたものではない。目、鼻、口から砂塵が侵入してくるのだ。こんななか、少しでも外の空気を吸うためにロシア人は完全武装して散歩に出かける。当時の日本人には散歩をするという習慣がなかったため、よく「ロシア人を見習って外へ出なさい」と言われたことを覚えている。一年を通じて傘を必要とすることのないところである。青空で、なんといっても「天」が高い。

屋外の庭に水をまくだけで簡単にできるスケート場がまちのあちこちにあった。そこで、夜遅くまで滑りまくった。父が買ってくれたポーラー社（ドイツの高級メーカー）のスケート靴を毎日家に持ち帰って、削ぎ台に固定をして、オイルストーン（油砥石）で刃をたてるのが冬の子どもの大事な仕事ともなった。

スケートは私の得意なスポーツで、小学校の高学年のときはスピードスケートでいつも入賞し

(3) 和服のうしろ襟を引き下げて着ること。

ていたが、女学校に入って一年目の冬に軽い肺浸潤（肺炎の一種）になってしまい、スピードスケートを断念してフィギアスケートに転向した。フィギアでは、ロシア人のアブラムスキーという先生に習って一時はジャンプをこなすところまでいったが、それ以後は技術的に一向にうまくならず、自然と私のスケートに対する熱も冷めていった。

私のふるさとハルビン

ハルビンは、一九世紀末、帝政ロシアが極東進出政策の一環として満州の原野を切り開いて築いた都市である。満州北東に位置し、松花江（スンガリー）の畔《ほとり》にヨーロッパに劣らぬ都市をめざして一八九八年に誕生した。帝政ロシアの主導のもとに造られたハルビンは、中国の地にありながらまるでロシアの都市の様相を示し、さながらルスキー（ロシア）ハルビン市であった。

アールヌーボー様式の風格のある建物、二一もある玉葱型の塔のロシア正教寺院、石畳の広い道路、歩道に植えられたプラタナスやアカシアが多いために「杜の都」と言われ、落ち着いたたたずまいは国際都市そのものであった。それを証明するかのように、満人、漢人、朝鮮族といった多民族によって都市が構成され、「東洋のパリ」とまで言われた。また、一九二〇年ころのハルビンは、ヨーロッパへの窓、シベリア鉄道への中継地として日本内地から旅行者も多かったそうだ。

ちなみに、私が高島屋に入社してから「フランス展」を開催する準備でパリを訪れたとき、着くなり「ああ、ハルビンと同じだ」と感じた。放射状の街路、石畳の道、石造りの本格的建物、もちろん街の大きさは比べようもなく小さいが、街がかもしだす雰囲気はまったく同じであった。街の表情も馴染み深く、初めてなのになぜか懐かしさを覚えた。

一九三二年（昭和七年）に満州国が成立し、翌年に哈爾浜《ハルビン》特別市となり、満州事変後は日本人が急速に増えだした。当時、満州に住む日本人のほとんどが、軍隊、満鉄、銀行、商社、学校といった大きな組織に属していたこともあり転勤が多かった。したがって、その子どもたちも転入学が頻繁だった。

前に述べたように、私は一九三四年に父の転勤でハルビンに来た。ハルビン桃山小学校に入ったのが三年生のときで、その後、日本人が増えるにつれて学校の数も増えてダウンタウンから郊外へと移動し、私も五年生からは郊外にある「花園小学校」（元ロシアのホルワット中学校）に通った。満州事変の後、満州で日本人がかなり増えた時期と一致する。

私がハルビンに来た年、それまで一校であった日本人の小学校が四校に増え、女学校もでき、その翌年には中学校が設立された。そして当時、ハルビンには古い歴史をもつ「ハルビン学院」（ロシア語専門大学）があった。

私が一九三七年（昭和一二年）に入学した「哈爾浜高等女学校」（のちに、富士高等女学校と改名）は「日本人女学校」と言われ、その年に一年生から四年生までが揃ったという新しい学校だった。生徒はもとより、先生たちも内地の学校を卒業したばかりの若い先生が多く、まるで石坂洋次郎（一九〇〇～一九八六）の『青い山脈』に描かれたような明るい雰囲気の学校だった。私は家から女学校まで、三〇分ほどの道のりを歩いて通った。パスハ（復活祭）を境に長い冬と別れを告げた途端、ロシア人たちは重いシューバ（毛皮のコート）を脱ぎ、夏の姿になったかと思うとスズラン、ネコヤナギ、アカシアが一斉に咲きはじめて歩道と車道が分かれた美しい街並みを、私は毎日歩いて通った。

兆麟小学校（旧桃山小学校）
（『写真集 旧満洲』池宮商会、1988年より）

学力的には内地の女学校に比べるととても及ばないということのようであったが、私たちはそんなことに頓着なく女学校生活を目いっぱい楽しんだ。先生たちも特徴のある方々が多く、国語、数学、歴史、英語といったどの科目も結構面白く、とくにスポーツは、バレー、バスケット、スケートを熱心にやり、放課後といえばスポーツで時間をつぶして家に帰ったことをいま改めて思い出す。

この女学校時代のことで、とくに印象に残っているのは三年生のときの「チフス事件」である。女学校の寄宿生と寮監が次々とチフスにかかったのだ。初めは「アミーバー赤痢」かと疑われたが実は腸チフスで、その伝染源は、七三一部隊(4)が郊外にあった野菜を洗う溜池に、チフス菌をまいたものであったということが戦後四五年も経ってからわかった。その年の九月に行われた女学校の合同慰霊祭に並んだ二二名の遺影が、いまだに瞼に焼き付いて離れない。

私は、「夏休みになったらハルビンから離れなさい」と言われて大連の親戚の家に避難したのでチフスにはかからずにすんだ。七三一部隊の犠牲になったすべての人々のことを思うとき、七三一部隊のやり方は絶対に許せない。それに、この部隊は敗戦から二か月後、米軍と接触をしてそれまでの資料などをすべて提供し、それによって裁判を免れたということをあとで聞かされて心の底から怒りを覚えた。

もう一つショッキングなことは、男子が使う中学校の英語、国語、そして数学の教科書を見せてもらったときのことだ。当時は、ただ単に女子と男子で学校が分かれているのだと思っていた

(4) 旧日本陸軍の、医学者・医者を中心として構成されていた部隊のこと。

が、いざ教科書を開けてみるととてつもない差があった。まず、活字の大きさが違うし、内容もずーっと中学校のほうが難しい。英語にいたってはまず読めないし、単語も構文もわからない。数学は、サイン・コサイン程度までしかやらない私たちに比べて、彼らのほうは高等数学の領域に達していた。

そういえば、小学校の高学年になると、放課後女子は掃除が終わったら下校させられたのに対して、男子は学校に残って補習授業をするという時間割となっていた。つまり、完全な男女共学は四年生までで、五年、六年になると、中学に行く男子は入学試験が難しいという理由で補習を中心とした学課内容となっていた。こう考えれば、教科書を見るまでもなく、小学校の高学年から男女の差をつけて、中学校では女学校よりはるかに高いレベルの教育を施していたことがよくわかる。

こんな思いをした女学校で四年間を過ごし、上の学校に行くためにハルビンを離れて東京へと向かった。

女学生時代の家族写真（写真提供：筆者）

女子大――学徒動員

ハルビンの女学校を出て東京の学校に来た私は、東京女子大学に入学した。ハルビンは東京の女学校と比べて学力が劣るとは言われてはいたが、実際大学に入ってみて、いかに自分が中味のない薄っぺらで、貧弱な単細胞のスポーツ少女だということが身にしみてよくわかった。

本当に学びたいことが何かわからないまま讃美歌を歌い、聖書を読み、お祈りをするだけの女子大生だったような気がする。しかも、クリスチャンでもないのに上辺だけを真似る自分に何とも言いようのない嫌悪感を覚えた。そのうえ、満州から出てきたばかりの私は、東京や地方の県立女学校出身の秀才の会話についていけず、自分の幼稚さも否応なしに認めざるを得なかった。周りにいる女子大生がみんな大人びて自信にあふれており、自分だけがイライラして落ち込み、寮のなかでも友達を見つけるのに時間がかかった。ある意味で、「暗黒時代」だったと言えるかもしれない。

一九四二年（昭和一七年）当時の東京女子大学は、いわゆる「日本的な女性」を求めないミッションスクールであり、比較的自由な雰囲気があったことがせめてもの救いであった。初代学長は新渡戸稲造（一八六二～一九三三）、二代目が安井てつ（一八七〇～一九四五）、そして私が通っていたときは三代目の石原謙（一八八二～一九七六）先生であった。

大学のキャンパスの正面にある白い壁には、ラテン語で次のように書かれていた。

「QUAECUNQUE SUNT VERA（すべて真実なこと）」

これが、私が受けた最初のカルチャーショックだった。石原謙学長は敬虔なクリスチャンであり、分別のつかない女子学生を人格を備えた一人の人間として扱おうとなさる態度には、なんとも面映い気持ちがした。

やがて戦争がはじまり、学校の一部が工場となって学徒動員が学内ではじまった。二年生の後半からは体育館で乾電池をつくるといった作業をした。そして、三年生になると板橋の陸軍造兵廠《ぞうへいしょう》(5)で作業に従事するようになった。このころになると、自分との対話は消えていった。一か月に一日の登校日を除いて、満員電車のなか、いまでは考えられない腰掛けのクッションが外された椅子の上にも人が立ち、東京・西荻窪にあった寮から赤羽の造兵廠までもみくちゃになりながら毎日通った。

造兵廠は兵器をつくる最前線ということで、当時の乏しい食料事情のなかでも戦場並み（もっと気のきいた名前があったと思うが）の待遇であった。学徒も一週間に一回は栗饅頭を三個（少尉殿は六個）もらえ、毎日の昼食は丼《どんぶり》で白い御飯とおかずが出て、寮のおかゆのような御飯と比べると対象的だった。そして、暮れには学徒一人ひとりにも鮭が配給され、それを持ち帰って寮のみんなと分けて食べた。とても貴重なお饅頭を五等分するのに大騒ぎをしたことが、いまだに懐かしく思い出される。

思い出されるのは、造兵廠のなかを二人以上で歩いていて将校に出会ったときは、「歩調をとれ。カシラ、右」と号令をかけて敬礼をしたことである。いかにも軍隊のなかで働いているのだなぁ、と実感した瞬間である。また、その後、空襲が激しくなるにつれて、作業中であっても造兵廠の頑丈な防空壕に入る回数も増えてきて、かなり近い距離に爆弾の炸裂する音と地震のような振動を体感したこともよく覚えている。

しかし、二〇年の一月末に私は脚気《かっけ》（一種の栄養失調）になってしまい、それを理由に満州ハルビンの親元に一時帰国が許された。すでに大連航路はなく、東海道・山陽本線、関釜連絡船、そして朝鮮半島を北へ向かって鴨緑江をわたり、奉天から新京、ハルビンへと、三日三晩の汽車と船の旅だった。

ハルビンは冬の真っ最中であった。しかし、統制下の日本と違い、ハルビンは見た目にはのんびりとして、物資もかなり出回っていた。一か月もすると脚気《かっけ》はなくなり、足も軽くなった。そうするうちに内地の友達のことが気になりはじめ、また男の人が戦争に行っているのに私は……と思うと安閑としていられなくなり、一日も早く東京の学校へ帰るべきだと思うようになった。とはいえ、だんだん戦局が身近に迫ってきているという気運がただよって来ていた。周囲は「日

（5）兵器や弾薬などをつくる工場のこと。

本へ帰るのはとっても危険だ」と言う、しかし両親は「充分考えて行動しなさい」と言うだけだった。

その当時、満州にまで戦局が及ぶとは誰も想像していなかったのだ。もちろん、誰一人として戦争に敗れることなどまったく考えていなかった。そんな状況下で、私は決心をして日本に戻ることにした。

振り返ってみれば、このときの判断で命拾いをしたと思う。私がそのまま居残っていれば、戦後のハルビンの混乱に巻き込まれて、私の友人がそうであったように頭を丸坊主にして男装で逃避行を強いられたであろうし、日本に帰って来られたとしても勉強が続けられたかどうかはわからない。運命の別れ道、であったと思う。

三月の始め、持てるかぎりの食料を用意してもらい、東京の寮で待っている友達を喜ばせようと母にパンを焼いてもらってリュックサックに詰め、エダムチーズ(6)を丸ごと二つと羊羹《ようかん》(当時、東京では口にできなかった)を三〇本背中に背負い、そして両手には玉子を入れてもらったバスケットを持って、まだ冬のハルビンを発った。

新京で、いわゆる国際列車に乗り換えた。病上がりだからということで、父は二等車をとってくれた。その私の隣の席が空いていた。そこに、人品いやしからざる紳士が乗ってこられて、「ここは空いていますか?」と言われて隣に座られた。新京から、奉天、釜山へと汽車は走る。

戦況の厳しい日本へ女子学生が一人で、と不思議に思われたのだろう。汽車に乗っている間、「内地は、本土爆撃で危険ですよ」といった話をしてくださった。私は、「少々体を壊して休養していたのですが、治ったので東京へ帰るところです。男性が戦線で戦っているので、女性の私としても……」といった自分の気持ちの一端を述べたのがこの方の琴線に触れたのかもしれない。二日二晩、気を許した旅をすることになった。

その方が、のちの兼松株式会社の社長となる谷口三樹三郎氏だった。このとき、谷口さんは兼松の常務として北支を視察した帰りだとおっしゃっていた。あとで気づいたことだが、このときに私が一橋大学に入るご縁ができていたように思う。

一橋大学の「兼松講堂」は、兼松の創業者である兼松房次郎（一八四五～一九一三）氏の七回忌の寄付金（五億円）で一九三一年（昭和六年）に建てられたものである。伊東忠太（一八六七～一九五四）氏の設計によるロマネスク調の建物で、国立《くにたち》の自然ともよく調和しており、現在、重要文化財の指定を受けている。その兼松の重役さんに偶然会ったことは、不思議なご縁としか言いようがない。

谷口さんは、私が一橋大学に入ったときにたいへん喜んでくださり、また一橋大学の卒業式に

（6）ゴーダチーズと並ぶ、オランダの代表的なチーズ。

もわざわざ出席してくださった。大学のキャンパスにキャデラックが止まるのも珍しく、いったい誰が来たのだろうかと友達と噂をしたぐらいである。最近、兼松講堂を冷暖房設備を備えた新しい講堂に生まれ変わらせるための修復事業に私が如水会（一橋大学の後援などを目的とするOB会）の評議員会副会長として深くかかわったのも何かのご縁かもしれない。

生を受けてからこのかた、何千人という人たちとの出会いがあった。そのときどきに、その人たちの善意に導かれた結果、今日の私がある。考えてみれば、

一橋大学の卒業式の記念に（写真提供：筆者）
左より、土倉賢脩（父）、谷口三樹三郎氏、筆者、山田雄三先生

そのときは点であってもそれが面となって広がり、そこでまた新しい出会いが生じる。あとで考えれば、それが伏線となって次の局面に引き込まれていくという世の中の不思議。谷口さんとの出会いはそんな縁《えにし》を感じる。

朝鮮半島の終着駅である釜山には朝早く着いた。そこからは関釜連絡船。谷口さんは一等船客の上甲板、私は三等船室の船底へ向かい、敵の襲撃に備えて救命胴衣を着けたまま身体を横たえて朝鮮海峡をわたった。日本に着いてからは、下関発の山陽本線に乗って東京へ向かった。途中、車窓から神戸の街が爆撃で焼け野原になっているのを目のあたりにして、谷口さんのお宅が無事であればよいのにと思うと同時に、いよいよ本土への爆撃がはじまっているのだということをひしひしと感じた。

夜遅く、燈火管制で真っ暗な東京駅に着いた。八王子方面で空襲があったばかりで、列車の発着は定かでない。いつ出発するとも知れない中央線の電車を待って、やっとの思いで西荻窪に着いた。ハルビンを出るときに母が焼いてくれたパンと、父が用意してくれた羊羹《ようかん》を両手いっぱいに下げて女子大学の暗い門をくぐり、みんなの待っている北寮（東西南北の四つの寮があった）に入った。しかし、みんなは警戒警報中であったために防空壕に入っていた。どうやら、私が帰ってくることはまったく予期されていなかったようで、大きな歓声で迎えてくれた。

赤羽の造兵廠《ぞうへいしょう》へ行った八月の暑い日、途方もなく威力のある爆弾が広島に落とされ、もうこれ以上戦争を続けることは無理だろうという兵隊さんの話がどこからともなく聞こえてきた。そして、数日後、造兵廠行きは中止となり学校へ戻った。

八月一五日の朝、天皇陛下の玉音がとぎれとぎれに響いた。早くも、大学に駐屯していた陸軍の兵隊さんたちが書類を焼く煙りが校庭にたなびいていた。

暑い暑い、夏の日であった。ぼーっと、ハルビンで別れた母の顔を思い浮かべていた。

戦争が終わった

たぶん、最後まで家からはお金を送ってくれていたのだろうが、私の手元には届いていなかった。これからどうなるのだろう。学校は直ちに閉校となり、「寮生は、それぞれの親元に一日も早く帰りなさい」、「頼るところのある人は親戚を頼っていきなさい」ということで、内地に家のある寮生は別れを惜しみながらも寮を去っていった。私は寮長であった手前、山中湖の別荘に両親がいるという下級生のW嬢をエスコートして山中湖へ向かってここで一泊した。別荘でもこんな立派なお宅があるのか（会社の社長宅）と、正直驚いた。

女子大の西寮を出発する直前に、疎開先の加古川から帰ってきた友人から、朝鮮から来ていたＭ嬢が体調が悪くなって私と連絡をとりたがっていると知らされた。その彼女は「辰野」という町にいるらしい。言うまでもなく、私は満州生まれの満州育ちであるため土地勘がまったくなかったが、「恐れを知らず」を地で行くように辰野に向かった。とはいえ、山中湖からどのようにして辰野へ行ったかはまったく忘れてしまっている。列車のなかで隣に座った海軍の士官が豊田副武《とよだそえむ》(7)からもらった短刀を持っていて、「まだ敗けたわけではない」という勇ましい話を聞かされ、大きなコンビーフの缶詰を二つももらったことを覚えている。

「辰野駅」。朝早く、雨のそぼ降る田舎の駅に降り立った。駅前にあるバスの停留所で赤ちゃんをおぶっているおばさんに「友達の疎開先の倉田さんを訪ねてここに来た」と言うと、「私はその家の者」と言う。続けて、「女子大生が訪ねてこなかったか」と聞くと、「その人は伊奈村へ転出した」と言う。そこで、情報はプッツリと切れてしまった。

見ず知らずの土地で、進むべき方向を失ってしまったリュック姿の私。そこで次に考えたことは、その伊奈村へ行って何としても彼女を探し出すことだった。

降りたった伊奈村のバス停の前に、タバコ屋を兼ねた「相原」という雑貨店があった。

---

(7)　一八八五～一九五七。連合艦隊参謀長から第四・第二の各長官を経て、海軍大将。戦後、戦犯として収容されたが、一九四八年に釈放された。

「おはようございます」。学生証を示して、「友人がおばさんを頼ってこの村へ来ているんですが」と言って、おじさんとおばさんが朝食をとっているところへ飛び込んだ。

「まあ、お上がりなさい。食事もまだだろうから……」と、白い御飯と味噌汁と漬物を遠慮なくいただいた。

「私の両親はまだ満州にいるんですが、友達が病気になっているということで、何とか見つけだして富山県の高岡にある父の実家に連れていこうと思っています」と話した。町役場に転入の手続きをしておればすぐわかるからということで、早速町役場へと向かったが、あいにくと登録されていなかった。

「今日はお米の配給日だから、村の人たちが集まってくる」と言って、おじさんは配給所に来る一人ひとりに、女子大生がこの村のどこかに疎開して来ていないだろうかと聞いてくれた。

夕暮れ近くなって、「わが家の別棟に東京の疎開者がいて、そこに娘さんが寝ているようだ」という情報が入った。取るものも取りあえず、坂道の先にある鎮守の杜の近くに連れていってもらった。日本の田舎道を歩いたのはこのときが初めてだった。でこぼこの道を二、三〇分歩いて、田んぼのなかに立つ小さな小屋に着いた。熱を出して寝ている彼女の姿を見て、嬉しさと安堵で涙が止まらなかった。

彼女が頼っていったおばさん一家は、年寄りと娘さんの三人暮らしであった。そこへ私がまた訪ねていったので、びっくり仰天してしまったようだ。

高熱を出している彼女は憔悴しきっている。とりあえず、坂道をとって返して相原雑貨店へ行き、「友達は、熱が高いから医者に診せる必要があると思う。明日、友達を伊奈の病院へ連れていこうと思う」と言って了解を求めた。

敗戦直後のことゆえ、病院へどうやって運ぶかと思案したが、「明日の朝、病院へ電話をかけてあげる」という言葉を頼りに寝ている友達のところへと戻った。近くの小川の水でタオルを冷し、一晩中、彼女の横で看病し、翌日、雑貨店のリアカーを借りて彼女を乗せ、長い坂の山路を下って伊奈病院へと向かった。

病院はというと、廊下にも人が寝ている状態でとても入院はできないと言う。病名は敗血病で、血清を注射して安静にしておく必要があると言う。病院の先生に、いまの自分たちの事情や伊奈に知り合いがいないことなどを訴えたが、どうしようもなかった。なかなかつながらない電話で雑貨店のご夫婦に連絡をし、「伝染病ではないから……厚かましいけど、友達といっしょに泊めて欲しい。看病は私がする」ということで部屋を貸していただけないかと頼み込んだ。ご夫婦のご好意で、馬小屋の二階に広々とした八畳の畳の部屋を借りることができた。

それからというもの、毎朝、村の保健婦さんが注射をしに来、雑貨店の娘さんが山羊の乳を搾ってては持ってきてくれた。八月末、敗戦直後の田舎は都会と違って空気は澄み、白い御飯と山菜料理を口にすることができ、私たちは世の中の混乱とはほど遠い風景のなかにあった。

二週間ほどが過ぎ、元気になった彼女と私は、長野の田舎から富山にある私の父の家（寺）に二人で居候を決め込んだ。しかし、ここもわれわれのいるところではなかった。東京女子大学の卒業式が九月一五日という電報を打ってもらって、駅で行列をして切符を買った。再び東京女子大学のキャンパスへ戻れたのは、卒業式の直前であった。

さて、卒業式が済んだあと、どうやって暮らしていくか――自分の進む方向を見いださなければならなかった。家族はというと、まだハルビンにいる。当時のハルビンの状況は、新京との間で完全に八路軍(8)と蔣介石（一八八七～一九七五）軍とが対峙していて、音信は途絶えたままであった。石原謙学長は、「そのまま大学院に残って勉強を続けるかどうか考えなさい。寮にも、そのまま残っていいですよ」と言ってくださり、このご配慮に涙して感謝した。

寮には外地組（朝鮮・満州・台湾）の学生が居残り、終戦の年のクリスマスを迎えた。一番食料事情が厳しいときだった。寮は暖房もなく寒々とし、何とも言えないほど辛いクリスマス、そして正月だった。このときの寮監が都筑《つづき》桂《かつら》先生だった。淋しい私たちを温かく守り、親代わりを務めて下さった。

（8）現在の中国人民解放軍の前身の一つで、「中国、国民革命軍第八路軍」の略称。日中戦争期に、華北で活動していた中国共産党の正規軍が主力。

第2章

混乱のなかで自立した女をめざす

髙島屋に入社した年の正月（写真提供：筆者）

敗戦直後

敗戦によって、すべてが大きく変わってしまった。そして、満州はというと、八路軍と国民党軍との戦いに巻き込まれて約一年ほど家族との音信もなく、私は心底心細い思いをした。

半年近くたって、引き続き大学に籍を置いてアルバイトに明け暮れているときに谷口さんから封書が届いた。帰国する際の列車のなかでお話をした者だという書き出しに続いて、両親はどうしていらっしゃるのか、私の現状がどうなっているのか、そしてご自身の神戸の家は爆撃を免れたこと、さらに兼松の東京支社が丸ビルのなかにあり、月に一度の割合で上京するからお目にかかりましょう、という内容のものであった。よくぞ覚えていてくださったと、本当に嬉しくなった。

食料難は都会ほど深刻で、いまで言うお腹をすかせていた毎日だった。谷口さんは、お会いするたびに輸出品の干しオイスターなどの珍しい食物を持参してくださり、ごちそうをしてくださった。食事をしながら、これからの私の夢に真剣に耳を傾けてくださり、ごいっしょにお話をしていると、まるで学校の先生と対話しているような気分になった。

翌年（一九四六年）、両親と弟妹が引き揚げてきて、私も両親の故郷である富山の高岡市へ帰ることになった。ここで、新制中学校の英語の教師として四月～一二月まで奉職した。もちろん、私にとってはすべてが初めての体験である。

家のなかが寒く、火鉢やコタツで身体の一部を温めるという暖のとり方は、耐えられないぐらい寒かった。引き揚げの身で、故郷で肩身の狭い思いをしている両親にとって、子ども六人の大家族は生活をしていくだけでもたいへんだった。引き揚げ援護会の仕事をしている父親を見て、もちろん私も働くことには異存はなかったが、来る日も来る日もカボチャだけの食事、たまにイワシのつみれなどが食べられた食卓がいまでは本当になつかしい家族そろっての生活ではあったが、私はこの田舎で古いしきたりに従って家庭をもつという気にはなれなかった。それに何よりも、一年に一か月ぐらいしか晴天がないという気候が私には耐えがたかった。

着の身着のまま——スカート一着で通した一橋大学時代

人生には、自らが意識して行動することと、大きな時代の流れに押されて進むことがあると思う。私のこれまでの生涯を分けると、生まれてから終戦までが一区切りとなろう。大連で生まれてハルビンの女学校を卒業するまでは親の元で存分な愛を受け、東京女子大学へ入学して寮に入って三年後に終戦を迎えた。どうやら、このころから私の自覚が芽生えはじめたと思う。

敗戦という大きな地盤の変化に遭遇し、女として生きることの難しさを知るにつけて、それまでは決して真面目な学生ではなかったが、そのなかでも、一度「学んだ」ことは生きているかぎり消えてなくならないものだということを実感した。それに、女子大での勉強は最初の一年だけで、先にも述べたように、二年目は体育館が学校工場となって動員され、最後の三年目は赤羽の造兵廠《ぞうへいしょう》通いとなり、一か月に一回の帰校日に先生の話を聞くという程度では勉強をしたことにはならなかった。

経済的にはどん底の生活であった終戦の二年目に、女性の社会的地位に光があてられ、男女は平等の権利をもち、女性にも参政権が認められた。また、男女共学が許され、これまで日本国の男子のみしか受けられなかった国立大学（旧帝国大学）にも女性の入学が許されるようになった。これは、何にも勝る大きな恩恵であった。これまでのように、女であることが決して損ではなく、少しオーバーだが、すべてがバラ色に見えて胸のときめく時代へと入っていった。

女性への差別が家族制度すべてに行きわたっていた戦前の日本を断ち切って、女であることがマイナスにならない生き方ができるようになったために、いままで考えも及ばなかった高い男性レベルの学問をめざし、これからの社会で通じる学問を身に着けるために男女共学の大学へ入ることに夢を託した。

大学は頭のいい人が学ぶ学舎であるのだろうが、私にとっては自分を充実させ、努力することによって追いつくことができ、自分の成長につなげることを実感できる実学を身につける場であった。敗戦によって経済的に零《ゼロ》から出発することになり、お金の大切さがつくづくと身にしみ、女一人でも生活ができ、独立できる女性でありたいと思ったわけである。それには、実業家をたくさん輩出している東京商科大学（現・一橋大学）に入って頑張れば何とかなるだろうと考えた。どしゃぶりの雨のあとにどこまでも蒼い空と虹を見た思いで、「これからが私の人生だ」とつぶやいた。もう一度、これからの社会を生き抜くために勉強をして初めからやり直そうと決心し、心の底からマグマが湧き出してくる思いがした。すべてを失い、何も身にまとうものもなくなって初めて自分を見つめ直し、そして生きているかぎり成長することをめざして一橋大学に入るための勉強をはじめた。食べるのに精いっぱいの引き揚げ家族の一員として、何にも不要《いら》ないから食べさせてくれるだけでいい、大学に行かせて欲しいと両親に嘆願した。

学費は、育英資金とアルバイトでまかなうことにした。これまでに、これほど向学心に燃えてやる気を出したことはなかった。心は充実感で満ちあふれ、いま思い出しても楽しい日々の連続だった。講義は必ず最前列で聴いて理解しようと努め、ちょっとの時間をも惜しんで本を読み、知識を吸収しようとした。一橋大学での日々は、私なりに懸命に耳を傾けた、精いっぱい努力をした充実した生活だった。そのせいか、私が何もかもメモったノートは結構友人たちの間でマーケット価値のあるものとなった。事実、試験前に私のもとへ取り戻すのにかなりの苦労をした。

受験の準備中に読んだ経済関係の本に山田雄三（一九〇二〜一九九六）先生の著書が多かったこともあり、ゼミは山田雄三ゼミを選んだ。著書と同様にスマートな学者で、人気の高いゼミであった。その同僚に、かの有名な城山三郎（一九二七〜二〇〇七）氏がいた。みんないっぱしの理屈をもっているのに反し、私はというとまったくの経済音痴だったので、あまり背伸びをしないですむゼミもあったかもしれないと、あとで思うことも多かった。

学生生活を続けていくうちに物事がわかりはじめ、社会が身近かに感じられるようになってきた。そのときのヒントになったのが、「アメリカの女性たち」。男性と対等に活躍している姿、さっそうとしたキャリアウーマン。アメリカの事情を聞くほどにうらやましく、このとき、金銭の価値で表される社会、実業界で通用する女性をめざそうと思った。

当時の私の服といえば、夏・冬を通して一着のスカートしかなかった。服に投資するお金はない――まったくの着たきりスズメだった。たった一着の紺のサージのスカートを大事に着て、のちに同級生に「ピカピカに照り光っていた」と見られていたのもまったく意に介さなかった。ある意味で、みんなが貧しく、みんなが懸命に生きた時代だった。

就職試験が大難儀――髙島屋へ

学生生活の四年目、経済的サポートを家から受けずに育英資金と家庭教師をしながらやっとの思いで卒業を迎えることができた。当然、卒業間近になって就職活動がはじまった。早く一人前に稼げる人間になりたい。自分の力で稼げるようになれることの喜びは、このうえなく大きいものだった。それに、男女共学の大学を卒業するのだから世間は男性並みに扱ってくれるだろうと思っていたのだが……これが甘かった。

男性は、有名一流企業をはじめ銀行、メーカーと順調に決まっていった。私の第一志望であった「東京銀行[1]」では担当者から、「共学の大学卒は認めるが、あなた（女性）のために男・女の給与体系を組み替えるわけにはいかない。東京女子大学プラス三年で考えてあげる。調査部に入って、お婿さんでも探しなさい」と言われ、まったくもってガッカリさせられた。

何のために難しい入学試験を受けてこれまで勉強をしてきたのだと落ち込んでいたら、友人の男子学生から「就職に困っているそうだね。百貨店（髙島屋）に先輩がいるからこの人に会いに行ってみたら」と言われ、八嶋進作先輩のところへ連れていってくれた。こういうところが共学のいいところである。訪ねていった先輩はボート部の出身らしく、かっ腹のよい営業部長であった。「うちは、男女平等同一賃金。君が来る気があるなら女性の仕事はたくさんあるよ」

そうだ！　客の八割は女性で、ほとんどの販売員が女性。扱っている商品といえば、衣・食・住のすべてが女性の判断で買い求めるもので、男性自身が来店して決めるものといえば自分の着る背広や靴、そして高額なもの、たとえば高級家具ぐらいではないか。生涯勤めようと思ったら、女性であることがあとになってマイナスにならないはずだと考え、髙島屋へ入ることに決めた。

（1）一九九六年、三菱銀行と合併し東京三菱銀行となった。三菱東京ＵＦＪ銀行の前身。

当時、髙島屋はかなり開かれていた。世の中の一般的な風潮といえば、女性の就職には「若年定年」という言葉があり、三〇歳になればもう年寄りだから早く辞めてもらいたいという風潮が公然とあった。入社時に女性というハンディキャップをもち、入ったら入ったで若いうちに辞めろというのは、女性を労働者として雇用しているとは言えない。戦争には敗れたが、男性中心の社会が依然としてあったのだ。しかし、髙島屋はその風潮が主流ではなかった。当時（昭和二七年ごろ）、すでに女性課長が三人、女性係長が一〇人近くいて、とにかくまぶしい存在に見えた。私も頑張れば課長ぐらいにはなれるだろうと、胸いっぱいに夢をふくらませての入社となった。

経済地理を指導してくださった佐藤弘（一八九七〜一九六二）先生からも、「髙島屋に就職が決まったそうだね。重役を知っているから」と声をかけられ、わざわざ日本橋の髙島屋まで連れていってくださった。一橋大学の女子学生一号ということでもあったからだろう、心配してくださったことをいまでもありがたく思っている。

百貨店は売り場が生命

女性の力を認めさせるには数字で実績を示すことだ！　「売っていくらの世界」、配属先として、売り上げに直接結び付く売り場の販売員を希望した。

まず、婦人靴の販売員からスタートした。靴は、スタイルが決まれば次はサイズだ。お客様の足元に跪いてサイズを試していただく。直接靴に足を入れていただかないとピッタリあうかどうかはわからない。そのために、サイズをストックしてあるバックヤードとの間を一、二回行き来して決めてもらう。

売り場では、制服はスカート。ナイロンストッキングが必需品。当時は一足一〇〇〇円もする時代である。ナイロンストッキングがまだ弱い時代、すぐにランがいくし、自分の腰も痛くなる。一日の仕事が終わって破れたストッキングをながめて、特別にストッキング手当が欲しいとさえ思った。とはいえ、お客様の足元を見ただけでサイズがわかるようになったときはうれしかった。

靴売り場から半年後に本社の経営企画部へ移り、新宿への進出準備と横浜出店の下準備をするようになった。まだ、「マーケティング」という言葉がない時代ではあったが、私なりに現地調査が必要と考え、新宿駅から伊勢丹までの両側にある店を書き込み、靴屋が多いなぁーと実感したことを覚えている。このときの仕事も面白かったが、やはり売り場のほうが直接お客様とも対話ができ、求められているものがわかって日々エキサイティングであった。

三年目に係長となって、婦人セーター売り場に立つことになった。係長に与えられている権限は追加の注文をするところまでで、売り場のそれぞれの販売員の注文をまとめて仕入れの伝票を切った。合理的に仕入れをすることが容易ではない時代である。いまでは信じられないが、古いタイプの課長さんなどは、「セーターは匁《もんめ》（重さ）で買うのだ」と言っていた。まだ在庫票もないときにタグの裏にゴム印を押して、それをもとに伝票を切ったのを覚えている。自分で言うのもなんだが、結構研究熱心で、合理的に仕事をしようという意欲に燃えていたと覚えている。

百貨店の売り上げが毎年三〇パーセント近い伸びを示した時代、仕入れ権限をもつ仕入課長になることが最高の時代であった。毎晩のように課長殿は接待で銀座のバーに出かけていったが、このときすでに、私は品揃えが売り上げに影響があるという実感をもっていた。

まだスーパーの出現がなく、大衆百貨店の黄金時代である。週末ともなると、食事に行くのも惜しいくらいにお客様が来店され、セーターも売れに売れた時代だ。しかし、女性の感覚でこういうセーターを売りたいと思ってさまざまな注文を課長につけたが、仕入れ課長とは意見があわず、部下である私は当然のように家庭用品の売り場へと移動させられた。百貨店では、繊維の世界から家庭用品へは格下げを意味している。私は、「邪魔者扱い」、「札つきの文句言い」と言われ、ついたあだ名が「金平糖《コンペイトウ》」だった。つまり、小さな角《つの》がいっぱい出ているということらしい。

家庭用品売り場は、台所で使う鍋、釜、タワシの世界である。これこそ、女性が毎日、三食をつくるときに必ず使うものだ。この売り場のことで、特記すべきことが二つある。

一つは、旭硝子の人が持ち込んだ乳白色のパイロセラム[2]の話である。当時は、日本では透明なパイレックス[3]すらまだそれほど普及していなかった時代だ。だから、乳白色のパイロセラムの鍋や大皿、とりわけグラタン皿は贈答品として非常に珍しがられた。

持ち込まれたパイロセラムはコーニング社製で、ロケットの先端の素材を使ったものであった。

第一次世界大戦時に錆びを防ぐためにステンレスが発明され、それが一般生活に使われるまでには数十年の年月が必要だったのだが、軍事用ロケットの素材が一般の家庭に使われるのには数年しかかからなかった。このスピードには、さすがアメリカだなぁーと、その強みを思い知らされた。ちょうど、取引のあった旭硝子の社員がテレビのブラウン管をコーニング社から仕入れていたということもあって、付随して送られてきたこのパイロセラムのお鍋を（すでに、横浜の港に着いていた）持って説明に現れた。

パイロセラムの鍋は、テーブルウエアとしてテーブルの上で使っても美しく、熱と水に強いという特徴をもっていたが、アルミの鍋が五〇〇円で買えるということもあってほかの店の男性仕入係は一〇〇〇円台の新しい鍋を仕入れる決断ができなかった。しかし私は、素材が新しく、型も新しい乳白の美しいパイロセラムの鍋を見たとき、何としても一船《ひとふね》分すべてを買いたいと心が躍った。当時のお金で総額五〇〇万円位だったと思うが、営業部長の許可を何とか得て、高島屋一社で買い占めた。次の船がアメリカから来るまでには半年から一年はかかる。それまでの間、独占的に高島屋で販売できた。

売り場にガスコンロと水を用意して、大きなロケットの飛び発つ瞬間の拡大写真をバックにし

（２）米国のコーニング・ガラス社が開発したデビトロセラミックスの商品名。
（３）同社の研究員二人が開発した耐熱・耐衝撃性に優れたホウケイ酸ガラスの商品名。

て、その年の八月に実験販売を行った。新聞や週刊誌の「新商品コーナー」でこれが紹介され、「二《にっ》・八《ぱち》」と言われる商売の閑散期の八月に売り上げを伸ばすことができた。「よくも、鍋を一船分も買った」と、しばらくの間ひやかされた。

もう一つは、銀座の金物店である「菊秀」が倒産して、そこの商品を一括で買ってくれという話である。刃物からナイフ、フォークといった家庭用品をすべて一括買い付けし、髙島屋名物の「のみの市」でバーゲンとして売った。このときも、かなりの売り上げを示すことができたが、「こんな大きな倉庫を借りて、品分けをし、値をつけるという余分なことをする課長のもとで部下は可哀想だ」と陰口をたたく人がたくさんいた。

サラリーマンの社会には、特別余計なことをしなくてもお給料をいただけるという考え方が根強い。しかし、私は、列車の通過にまかせて立っているような退屈な仕事の仕方はまったく性にあわない。売れるものをつくり、お客様に喜んでいただく、そして何か新しいものがあったら率先して取り上げていけば必ず他店との売り場の違いがわかり、お客様が日本橋まで足を運んでくださるはずだと考えていた。売り上げ目標が達成できず、そのための言い訳を考えることを潔しとしなかった。

このときのご褒美として、一九六一年（昭和三六年）の春先、毎年シカゴで開かれているアメリカの家庭用品の見本市へ、重役のお伴をして仕入課長という立場で初めて海外に行かせてもらった。日本では、石のとぎ出しの流し台からステンレスへと変わっていった時代である。そして、台所は暗くて寒いところから明るい居間に直結したキッチンへと、「台所革命」がはじまっていた。同時に、氷を使った木製の冷蔵庫から電気冷蔵庫へと変化している。

初めて目にした見本市、マコーミックビルでのショーは日本の自動車ショーの広さ以上で、冷蔵庫、オーブン、プラスチック用品、ジャガイモの皮むきに至るまですべてが創意工夫をこらした商品の山であった。女性を大切にするお国柄だから家庭用品も進んでいるのだろうと予想したとおり、アメリカの新しいものを生み出すエネルギーというものを感じる見本市だった。

働く女性にとって最高の夫

よく「ご主人はどういう方？」と聞かれたが、「素晴らしい人だった」と言うしかない。大学の学生時代から多くの男性との出会いがあったが、いまから二〇年前に亡くなった主人以上の人物は見あたらない。

若いころは、自分の波長にあった人に果たして遭遇するのかしらと思っていた。よく言う、理想が高いということでは片付けられない、男性に対しての期待値が高かった。一橋大学に入れたことはその後の私の人生に計り知れない恩恵を与えてくれたが、その第一が山田雄三ゼミに入れてもらえ、ここで彼に出会ったことだ。

私が入学してすぐのゼミの集まりのとき、卒業生として参加していた石原英雄は、朝日新聞の経済部の記者としてその輪のなかにいた。同じゼミナールなので会う機会も多かった。当然、ピカピカの一年生と卒業生とではまるっきり貫禄も違った。彼は出しゃばらず、あまり能弁でもなく、みんなが朝日新聞に対して意見を言うのをしっかりと耳を傾けて聞いていた。

私の流儀は結婚を是が非でもしたいというのではなく、結婚をするにしても仕事を続けられることを前提として考えていた。つまり、結婚か仕事かではなく、結婚も仕事もであった。これが叶えられなければあえて結婚をすることもない、と思っていた。

ほとんどの男性は、自分の都合のよい伴侶を求めるため（これはこれで当たり前だが）、女性自身のもつ職業観にはまったくと言っていいぐらい関心を示さない。一緒にいる女性と歩調を合わせてくれる人、価値観が同じで、生活のリズムに思想のある人。リズムが合うというのは息があうことだ。もちろん、私は好きでない人と結婚をする気は毛頭なかった。好きな人と家庭をもち、仕事を続けることができれば最高と思っていた。

当時、日本は大企業も官庁も例外なく終身雇用が前提となっており、年功序列の世界だった。女性の就職形態は短期で、せいぜい三年から五年で辞めていった。そして、一度辞めたら再雇用の道は閉ざされてしまう。私は初めから一生続けられる仕事を選び、そのなかで認められるようになりたいと思っていた。当時の乏しい情報のなかでも、アメリカでは家庭をもって仕事を続けている人は少なくないという明るいニュースに惹かれていたこともある。とはいえ、このような女性の欲張りな生き方に理解を示してくれる人はまったくと言っていいほどいなかった。

このような風潮のなかでも、彼は仕事をもっている女性に対する態度が寛大で、面白がって私の仕事の話を聞いてくれた。当時、彼は日本銀行の記者クラブにいたので、私が高島屋から日本橋をわたってデートをしていた。

一九五四年（昭和二九年）三月の末、彼が珍しく昼の時間に髙島屋のオフィスを訪ねてきた。何事かと思ったら、「急にロンドンへ留学（朝日新聞では語学練習生という）することになったので、すぐに結婚式を挙げるか、僕が帰ってくるまで待つかを両親と相談して欲しい。今晩訪ねていくから」と言った。このときの心情を書くのは照れくさいので省くが、急遽、式を挙げ、四月の末に彼はロンドンへと旅立った。

いまとなって思うことは、彼くらい共働きの夫婦にふさわしい男性はいないと思う。私がいつも後輩に言っていたのは、結婚する相手は、自分の能力に自信をもっている人で、威張らずに我がままでない人が最高ということである。

ある結婚式のときに某会社の社長が、「ケンカをしない、仲良くするコツは、女性はど

嬉しい、しかしチープな結婚式
1954年4月11日（写真提供：筆者）

んなことがあっても男性の能力について腐してはいけない、男性は女性の容貌に関して批判を口にしてはいけない」と祝辞を述べられたのを聞いて、男女の心理を言い当てていると思った。三〇年余りの夫婦生活のなかで、私たちはケンカをしたことがない。もちろん、意見が食い違ったこともあまりなかった。

いまでもそうだと思うが、新聞社と百貨店の勤務状況はかなり違う。新聞社は一〇時すぎに出勤するが、私は九時四〇分までには日本橋の高島屋へ行かなくてはならなかった。

当時、百貨店は夕方六時が閉店で、定休日が月曜日だったので日曜日の夜は次の週の手配とその週の片づけで残業となる。新聞社の夜は毎晩遅く、ほとんど時間が読めないためにまったくのすれ違い生活であった。彼のほうは子どもといっしょに日曜日は休みとなる。国立の私の両親の隣に家を建てて、育児は両親とお手伝いさんに頼んでカバーしてもらった。このことについても、「君が家にいないと不自由」とか「子どもが可哀想だ」とかいった、働く女性の立場にとって一番気になる言葉を彼は口にしたことがなかった。子どもが幼児期を過ぎるころからは、子どもを連れて多摩川や高尾山へと行って、よく遊んでくれたようだ。

何よりも心強かったのは、毎日の仕事の不満が積もり積もった私のはけ口になってくれたことで、どんなことでもしっかりと話を聞いてくれた。場合によっては、「そういうことはどんな会社にでもあることだ」とか、会社で嫌な上役に悩まされているときでも「黙って、ひっこんでいろ」とは言わず、封建的な小売業での苦労話を興味深く聞いてくれた。ときには、私が憤慨して声が大きくなったりすると、「僕は君の隣に座っているよ」と言われて恥ずかしくなった。「うるさい！　黙れ！」といった、日本の男性の常套句を聞いたことがない。

夏休みや冬休みは、家族でよく旅行に出かけた。私が先にはじめたゴルフを、最初のうちはからかって「女性にバッグを担がせてするスポーツはスポーツと言えるのか」と言っていたが、やがて名古屋、大阪、北九州と単身赴任をするようになって自分もゴルフをはじめてからは、同じ趣味のゴルフが共通の話題となってあちこちのコースへいっしょに行くようになった。家族四人でホテルに泊まってゴルフをするのは贅沢だったかもしれないが、いまとなっては貴重な思い出になっている。

気難しいところが一切なく、結婚当初から子どもが少し大きくなるまでは、どんなに遅く帰ってきても必ず三〇分位は本を読んでいた。私にも、「毎日どんなに時間がなくても、一〇分でも二〇分でも時間をつくって本を読むように」と言っていた。できる人は勉強をするものなんだと実感した。いま、この原稿を書いているときも、「新聞の経済面の記事は勉強していないやつが書くとすぐわかる」と言っていたことを思い出す。

彼に会ったおかげで、私は東京以外の土地での生活の一端に触れることができ、ゴルフもし、その土地の名物（名古屋では名古屋コーチン、北九州ではふぐ）を食べ、ゆったりとした気分で穏やかな時を過ごせた。国立に住んでから五〇年余りの間、彼のほうは各地を転勤したが、「どこよりも国立は最高にいい街」と言ってくれた。

信仰らしいものはなかったが、晩年、口にしたのは蓮如（一四一五～一四九九）の「朝《あした》には紅顔《こうがん》ありて夕べには白骨《はっこつ》となれる身なり」だった。彼は激しく生き、一九八六年（昭和六一年）一月、六一歳の若さで逝った。朝日新聞社の社旗に包まれ、「朝日人」として最高の栄誉のもとみなさまに見送られた。

子育てと商品開発

一九五二年（昭和二七年）に入社して、一九五六年（昭和三一年）の夏、セーター売り場の主任時代に最初の子どもが生まれた。学園都市国立は子どもを育てるのには最高にいい環境であったので、先にも述べたように、私の両親が住んでいる家の隣に居を移して、子どもの世話を両親とお手伝いさんに託した。遠くて新聞社に勤める夫には申し訳ないが、我慢をしてもらった。

そして、一九六二年（昭和三七年）一一月、二番目の子が生まれ、翌年の二月にベビー用品の売り場に配属となった。「第二次ベビーブーム」と言われた時代である。高島屋のベビー用品売り場は何の特徴もなく、よく伊勢丹の売り場と比較されて評判があまりよくなかった。そこで会社としては、子どもが生まれたばかりの女性課長がいる、これを利用しない手はないと思ったのだろう。どんな女性でも、自分の子どもにはできるかぎりのことをしてやりたい、安全で最高のものを与えたい、と願うものだ。その心を生かそうと考えてのことだったのだろう。

当時、二人目の子どもを産むのにはやや抵抗があった。というのも、一般の女性は結婚を機に退社するか、子どもができれば辞めるということが大勢を占めていて、私のように、結婚をしても辞めないうえに、子どもを産んだあとも働き続け、さらに二人目も産むなんて図々しいという雰囲気があった。何事も、人のやらないことをやるということは波風がたつものだ。

でも、結婚して子どもができるのは当たり前だし、幸い身体も丈夫だったので、自分さえ頑張れば何とかなると思って二人目を産んだ。しかし、周囲の目を意識しなければならなかった。そんなとき、学生時代の男性の友人が次のように言って励ましてくれた。

「いっちゃん頑張れ！　いまは辛いかもしれないが、あとで必ずよかったと思うよ。男性には子どもを産むという経験はもてないし、それを仕事に生かすこともできない。君は、子どもをもって母親の役を仕事に生かすことができるんだから」

子どもをもてた晴れやかな気持ちとは裏腹に、満員電車のなかで大きなお腹《なか》をかかえた姿をジロジロと見られるのはまったくもって不愉快だった。しかもある女性の友達には、「あなた、一体何を考えているの。あなたのご主人は何をしているの（奥さんを働かせて）！　みっともないからおやめなさい」と言われた。そしてのちに、東証一部上場の髙島屋の役員に私がなったことが驚きをもって報道されたとき、「新聞記事は、宣伝費に置き換えれば数億円になる。あなたみたいな人はいないわ。男性もなかなかなれない役員になり、ご主人も新聞社に勤め、お子さんも男子と女子のお二人、女として最高よね」とその友人に言われたとき、私自身のやって来たことは変わっていないのにと奇妙な感じがした。

マタニティウエアについては興味深い思い出がある。子どもがお腹に宿ると、初めのうちは目立たないが四か月を過ぎるころからいままでの服があわなくなる。働く女性にとって、マタニティウエアの必要性は嫌というほどわかるものだ。うしろから見て、できるかぎりスマートに見えるものを、と考えた。

その結果、フランスのデザイナーである（髙島屋がエクスクルーシブに契約をしていた）ピエール・カルダン（一九二二〜　）にマタニティウエアの注文をした。直属の上役からは、「神様のようなカルダン先生にマタニティウエアを注文するとは何事か！　役員のところへ言って説明してこい」と言われた。美しいものをつくるデザイナーに、美しくスマートに見えるマタニティウエアのデザインをしてもらって何がいったい問題なのか、私は心のなかでそう思い、役員に理解してもらえる自信があった。

カルダンのAラインのマタニティウエアは決して安いものではなかったが、評判も呼び、売り上げも上々だった。まず、私はこのウエアを知ってもらうためにマタニティウエアのファッションショーを企画した。そして、信頼できる病院に説明に行ってお客様を紹介していただき、髙島屋の役員用の特別室を借りて椅子を持ち込み、モデルにはお腹に詰めものをしてもらって歩き方も入念にチェックした。当日、ショーが終わってもお客様はすぐ帰られず、商品を手に取って説明を求められた方が多く、この企画は大成功であった。そしてこの企画は、私がいる間はずーっと続いていた。

男性の友人が言ったとおり、このような企画は妊娠を経験した女性でなければ考えつかないことだし、また実行できないことだろう。どうしても仕事を続けたいという意欲さえあれば、長期的な視野に立って考えることが大切だ。後悔したくなかったら、我慢したり、堪えることも必要であるということをこのときに覚えた。

子どもを育てている最中に気になっていたことは、家に帰ったときに親がいないということだった。しかし、子どもが大きくなってからは次のように言っていた。

ピエール・カルダンのマタニティウエア売り場で（写真提供：筆者）

「ママはね、昼間お勤めに出たけれど、朝晩はママの母乳で育てたのよ」

元気でおっぱいがたくさん出たので、二人の子どもにはそれぞれ一年以上母乳を与え続けた。昼には医務室に行って母乳をしぼり、朝、晩は母乳をたっぷり与えた。「母乳で育った子は丈夫だ」と言われれば心も安まり、母乳が出たことを神様に感謝した。残業で少し帰りが遅くなると、胸がはってきて子どもの顔が浮んできた。そして、おっぱいが離れたあとは子どもを寝かしつけるのに本を読み聞かせた。

子どもが大きくなるにつれて、新しい商品も次々と手がけていった。子どもの肌着が、ちょうどガーゼの着物スタイルのものから洋服式のメリヤス仕立てのものへと転換するときだった。東レ、帝人といった大手の新素材のナイロンが華々しく脚光を浴びた時代でもある。ある日、東レの男性社員が現れて、「ベビーの肌着は綿一〇〇パーセンがいいと宣伝しているが、ナイロンを使ってくださいよ」と、ナイロンメーカー全盛期の強気の申し入れをしてきた。

しかし私は、「赤ちゃんは、とても汗をかく生き物。肌から汗を吸い取ってくれる素材が第一要件です」と答えた。綿のワタとナイロンのワタを水に浸してしぼると、ナイロンの場合は手のひらに繊維がべたつくが、綿の場合は手のひらの水分をすっきりととってくれるということを示して、赤ちゃんの肌を守る綿の効果を示した。これは別に驚くことでもなく、ナイロンを発明したアメリカの百貨店のベビー用品売り場では、肌着は一〇〇パーセント綿のメリヤスを使い、カッティングも立体的になっており、縫い目も外側にするなど非常に注意を払っていることをこれまでに見ていたので、私は確信をもって答えたのだ。ベビー用品の類は新製品に飛びつかない、赤ちゃん本位に商品をつくるべきだといまでも思っている。

もう一つの例——ベビー食器

ベビー用品の売り場は、当然、大人の衣食住の売り場の縮図である。とくに、まだ五官が十二分に育っていない赤ちゃんは何でもしゃぶる。その唇で、ものの形や柔らかさを弁別しているのだ。まだ視力もそれほどなく、耳もそんなには聞き分けられないから、唇の感覚が大事にされなければならない。

当時、子どもの食器はプラスチック製がほとんどだった。落としても壊れにくい食器として歓迎されていた。しかし、食器の製造過程でプラスチックの粉はホルマリンで固める。なんとかこれをやめたいと思い、ノリタケ（日本の最大食器メーカー）の名古屋本社を訪ね、「月にロケットが飛ぶ時代、子どもに本物の陶器の味を知覚させて、壊れにくい食器をつくりませんか。強度は従来の食器の一二倍、デザインも、子どもの好きな漫画に固定させないで食べることを優先する上品なデザインに……」と話をもちかけた。何度もノリタケに足を運び、納得のいくベビー食器をつくってもらった。さらにそれらを、一〇〇日目のおくいぞめに使われるお祝いもの用としてお盆をセットにして販売した。

そののちも、アメリカへ留学されてゲシュタルト（Gestalt）心理学や子どもの身体的発達を支える玩具の形を研究されている静岡大学の新井清一郎先生にご相談して、スプーン、お茶碗、コップの形を赤ちゃんにも持ちやすいように工夫を加えてできあがったのがいまのベビー食器である。ここでも、ベストセラーを狙うのではなく、長く売り継がれるロングセラーを生み出すことの大切さを学んだ。お客様にも、赤ちゃんにも、年を重ねて人気を得ていることは嬉しいかぎりである。ちなみにこの商品は、一九七七年（昭和五二年）に通産省のグッドデザイン賞に選ばれた。

その後、プラスチックの食器は大人でも好ましくないという報告が新聞記事に出て、一斉にプラスチックの食器が売り場から姿を消した。髙島屋のベビー用品の売り場で、本物の陶器でつくられた食器を堂々と売ることができたことを懐かしく思い出す。いまでも、私は赤ちゃんのお誕生祝いに決まってこの食器のセットを贈っている。

ベビー用品の担当課長になってからというもの、ほとんど連日商品を改良し、新商品をつくり出すという作業が続いた。このころ、自分の子どもの成長と平行して問題点を発見し、それを提案してメーカーと協力して全商品を見直したような気がする。私の青春がここに埋まっている。

以下に、商品を購入する際の主な注意事項を記しておこう。

●オムツカバー——大きいものより、小さくてビキニスタイルが赤ちゃんには濡れる範囲が少なくてよい。素材は、撥水性のあるウールがよい。

●ブーツ——こんな言葉は好きではないが、裕福なお宅の赤ちゃんは皮のブーツを履かせるという習慣があった。足首の定まらない赤ちゃんにはとても大切なことである。しかし、皮では高価すぎるし、三か月に五ミリ以上大きくなる赤ちゃんの足であるだけに、親御さんにとっては買うのが負担となる。そこで、メーカーの月星とタイアップして、形は運動靴のブーツ、すなわち足の甲の高い編み上げ、デザインはチェック柄のブラックウォッチを使った。これに加えて、洗濯機で洗えるようにするために家電メーカーに相談したが、さすがにこれは成功しなかった。しかし、プチブーツは安くて足首が安定し、三か月毎に買うお母さん方の負担を少なくできたのではないかと思っている。

●ベビーベッド・ベビー布団——柵と柵の巾が大人の拳より大きいと赤ちゃんの頭が挟まってしまうことになる。木の柵は角の削られたものを、布団はベビーパットを二、三枚まとめて買いましょう。フワフワの布団は赤ちゃんの丸い背中にはよくないし、汚れたときにも洗濯がしにくい。パットだと、簡単に洗えて取り替えがきく。

玩具売場での話をしておこう。ここでは、レゴとの出合いがあった。デンマークから日本に上陸して、その第一号店が高島屋の玩具売り場であった。「本物」を追求する考えは、何を仕入れるときにも私の脳裏から離れなかった。既存のブロックとレゴとは似て非なるものであった。形は同じだが、レゴを真似たものということで既存のものの販売を打ち切り、レゴを中心とした売り場づくりをした。

のちに、デンマークへ行った折にレゴランドを訪れた。コペンハーゲンから本社のあるユトレヒト半島まで、まるでレゴでつくったようなデザインの小型飛行機で向かった。本社の建物も、製造所も、何もかもがレゴのピースをもとにしたデザインでつくられている。

とくに、「レゴランド」は素晴らしいものだった。そこには、レゴのピースを組み合わせてつくられた汽車や動物園、そして世界各都市の景観（ニューヨーク、ロンドン）などがあり、大人が一日中いても飽きないほど創造性の豊かなものであった。これを見たとき、

レゴのピース

子どもといっしょでなかったことが残念だった。せめて、孫には是非この楽しみを味わわせてやりたいと思った。

リタイア後に、そのチャンスが来た。二〇〇三年の冬、イギリスのウィンザーにあるレゴランドを親子、孫、五人で訪れた。永年の自らに課した約束を果すことができ、とても感動的だった。もちろん、三〇年前に私が訪ねたデンマークよりもずっと大掛かりなもので、親子が楽しめるエンタテイメント性が豊富に取り入れられており、ディズニーとは違った教育的な創造性をかきたてられ、自然のなかで親子の関係を大切にしながら成長してきた玩具であることは素晴らしいことだ。

「たかが玩具」と言うなかれ。売り場に並べられているレゴブロックは、実はバラバラのピースを寄せ集めたものでなくコンセプトをもったものである。ピースをつないで動物、汽車、車、船をつくり出し、子どもをその世界に引き込んでいく。ドイツの小学校の低学年は、わざわざ隣国のデンマークのレゴランドまで遠足に行くのだそうだ。

百貨店の販売員のトレーニング

百貨店では対面販売が原点となる。ご来店になる顧客を頭に描きながら、他店になく独自のもの、そして品質のよいものを仕入れるように心がける。ただ、本来買い取りが正道であるにもかかわらず日本の百貨店は委託販売が主流となっていて、大手のアパレルメーカー、卸問屋さんが商品の値決めをしている。その代わり、売れ残ったものは返品できるようになっていて、百貨店はストックをもたずして新しい商品を次から次へと仕入れることができる。しかし、ストックや売れ残りをかかえるというリスクをもたない分高いマージンは望めず、百貨店の利幅は向上していかない。

商品を仕入れるのに売れ残る心配をしなくていいのだからイージーな仕入れになるし、すべての百貨店が同じようなことをやっているから、北は北海道から南は鹿児島までどの百貨店も同じものが同じ値段で売られている。そして、それを誰も不思議に思わない。これは、日本独特の現象である。本来の買い取り仕入れの場合は返品がきかないから、仕入れをするときには当然緊張を強いられるし、買い付け量も真剣になる。アメリカでは、各デパートごとに販売している商品に特色があるうえ、同じ商品でも必ずしも値段が同じではない。当然、買い付けた量とのからみで値付けも変わってくる。

先ほど述べたように、私はベビー用品の担当のときに自分でオリジナルのものをいくつかつくった。それをメーカーに直《じか》にオーダーをするわけだから、どれくらい売るのか、またそれはどれほどの市場価値があるのかを見極めなければならなかった。そのため、対面販売を通してお客様にその商品の説明を十分にできる販売員が必要となる。そこで私は、高校卒の若い女子販売員に仕事の面白味を知ってもらうように努めた。

私がもっとも心をくだいたのは販売におけるモチベーション。毎日、同じ商品をあきずに繰り返しお客様に伝えられるような気持ちになってもらうのにはどうしたらいいのか、ということだった。

まず、朝の打ち合わせ。九時四〇分から一〇時までの二〇分間、部長になってからも心がけたことは、予算の数字の羅列は一切やらず、売り上げ目標〇〇円、昨年対比何パーセントなどとは言わない。私が、読んで感動した本のこと観た映画のこと、そして人との出会いを語ることにした。加えて閉店後、お客様のいらっしゃらない売り場で販売員を前にして一つ一つの商品の特徴を説明し、その商品のどこがその売りかを最低月に一回ぐらいは熱弁を振るった。

そのあと、みんなで餃子やラーメンを食べながら彼女らの言い分に耳を傾けた。店を離れて食べながらの意見交換は、本音の話が聞けるから私にとっては参考になった。また、ときには開店前にコーヒーをごちそうしながら、考え抜いて仕入れた大切な子ども服の特徴をコーディネートしながら、実の子どものように愛情を込めて説明をした。これらのことは、若い販売員の心に届けば彼女らは心地よくなり、即、いい仕事に通ずると信じて続けた。

とくに、ベビー用品の販売員は小さな子どもや赤ん坊が身近にいない年ごろの子が多いので、商品をすすめるにも赤ちゃんのことをよく知る必要がある。そのため私は、愛育病院（当時、赤ちゃん専門の病院でユニークであった）に相談に伺った。すると、「一か月間、毎日病院にいらっしゃい！　赤ちゃんと一か月過ごしてみれば、何時ごろに起きて何を食べて、何時におむつを換えたらいいのか、何時ごろにお風呂に入れるかといった一応の赤ちゃんの生活がわかりますよ」と教えていただいた。そこで、人事部に交渉して、一か月に一名の割合で交替で販売員を病院に出勤させ、全員に「赤ちゃん」を勉強してもらった。これは、当時の愛育病院の稲葉美佐子先生のご指導によるものである。三〇名余りの一歳未満の子どもを常に預かっておられ、その経験と専門の立場からのご指導に本当に感謝している。

一か月経って帰ってきた販売員には、そのころテレビドラマで流行っていた『ベン・ケーシー』のスタイルである薄いブルーのユニフォームを着てもらった。お客様から見てもすぐわかるし、販売員自身の自覚につながるようになった。やがて、一般社員のユニフォームと違うブルーのケーシー姿はベビー用品の売り場にふさわしい雰囲気をかもし出すようになった。

珠玉の香合《こうごう》展

ある朝、朝日新聞を読んでいたら、ベタ記事で幻の香合のコレクションが三五〇〇点も発見されたという記事が目に飛び込んできた。クレマンソー(4)のコレクションが、カナダのモントリオールの美術館で見つかったという。フランスのライオン宰相クレマンソーが、明治時代に日本駐在の公使に命じて、日本のお茶式に使う香合を買い集めていたらしい。当時、外国人の目に留まったのが「ネジメ」で、これもコレクションとしての価値のあったものだという。香合も、器としては小さいがさまざまな形があり、すばらしい色彩が施されている。お茶の世界では、「お香」を入れる器としての役目がある。

発見者は、蓑豊《みのゆたか》（現・金沢二一世紀美術館長）という人であった。発見後、この人はインディアナポリス美術館の東洋部長になっていた。そこで「香合展」が開催されているということを知り、主催の朝日新聞企画部の高橋茅加子氏と、髙島屋宣伝部の飯塚武夫課長といっしょにインディアナポリスに飛んだ。この当時、私は宣伝企画担当の店次長を務めていた。そのため、催しとして「取り上げていい」と思ったことはすぐ行動に移せる立場にあった。

カナダのモントリオールに着いて、「香合」の貴重なコレクションを美術館に寄付されたシュマード（Shumard）氏にお目にかかり、「日本で、里帰り展をデパートの展覧会場で開催したい」と依頼し、その旨の了解を得た。

一般的に日本では、デパートの展覧会場が大切な催場として認知されているため上層階にあり、デパート側でも大切なマグネットの役割を果たしているが、欧米のデパートでは催事によってお

（4）（Georges Clemenceau）一八四一〜一九二九。フランスの政治家。急進社会党を指導し、雄弁をもって保守派内閣を倒し、「虎」とあだ名された。

客様を集めることはほとんどないし、またそのニーズもない。アメリカでも、唯一例外的にダラスの「ニーマンマーカス（Neiman Marcus）」が全店で二週間単位の催事をしているくらいで、それほどのステータスもないデパートにおいては文化的催事をするスペースを備えてもいない。

日本での展覧会は、当時、東京の国立博物館に勤務されていた林屋晴三氏[5]の全面的な監修のもとで行われた。日通の晴海の保税倉庫で点検が行われたあと、陶器や漆といった展示品がお客様の目線にあわせて丁寧に並べられ、九〇余りの古窯址の紹介とともに展示された。

いまから三〇年近く前、一九七八年（昭和五三年）七月に日本橋髙島屋で開催された「珠玉の香合展」がそれである。一二日間で六万人、一日平均五〇〇〇人の入場客となった。これが、宣伝企画担当の店次長としての初仕事であった。

男のように考え、レディのごとく振る舞い、犬のごとく働け

「人生一〇〇歳」と言われる時代で八〇年に及ぶ女性としての自分の来し方を振り返れば、国のレベルでいくつかの戦いがあり、小学校へ入学した年に満州事変が、そして女子大に入学した年に大東亜戦争がはじまり、国を挙げて戦争に勝つための教育があり、それを支える家族制度のもとに男と女の役割があった。幸いなことに、私は女に生まれながらも、「日本女性は目立っては

いけない」、「常に一歩さがって歩く心構えを」という当時の日本女性のあるべき躾を厳しく言われたことがなかった。というのも、第1章でも書いたように、私の生まれたところが日本内地ではなく満州であったこと、女学校を卒業するまでの一七年間は大陸の自由な空気を思う存分に吸って育ったからだ。

日本の牢固たる男性優位主義（ショーベニズム）が、敗戦から六〇年経ったいまでも容易になくならないのは当然といえば当然のことである。いまだに、男の子が生まれれば家の跡継ぎができたと喜ぶ。しかし私は、家を中心とする考え方と、男と女の違いを能力の差にしてしまう考え方には断固反対である。

小さいときから、私の家では「男だ、女だ」という差別語はほとんど聞いたことがない。女性の意見を素直に認める男性もいれば、女性というだけで頭を押さえるような言動をとる人、女の言うことはうるさいとばかりに無視する人がいる。私は会社へ入ってからも多くの男性と接してきたが、そのなかで、できる人は女だからといって差別をしないし、女性の意見を素直に認めてくれる男性が少なくないということを知った。上役、同輩、後輩を含めてそれらを観察するに、その人の育った家庭環境が深く影響していることが理解できた。

女性を見下げる男性の周辺には優れた女性がいないことがわかった。優れた女性（母親や姉妹）

（5）一九二八年生まれ。美術評論家・東京国立博物館名誉館員。

に囲まれて育った男性は女性を大切にするし、少なくとも、女性の言い分に耳を傾けるということがはっきりとわかった。そこで、「女性を馬鹿にする男の周辺」を読売新聞の取材で語ったこともある。

ここで若い女性にアドバイス。上役や同輩が、あなたの言うことを聞かなかったり馬鹿にするような態度をとったら、はっきり「あなたの周りには馬鹿な女性しかいなかったのね！」と言ってやりなさい。これは、少なくとも目クラマシの効果がある。

男性の思想を変えることは革命よりも難しい。男性優位の世の中で働く心構えとして、民主主義のお手本のような社会であると言われているアメリカですら、女子大生が社会に出てキャリアをめざす条件として、「男のように考え、レディのように振る舞い、犬の如く働け」という三つが挙げられている。これは傾聴に値する。ましてや、男性優位が抜きがたく連綿と続いている日本社会に食い込んでいくにはなおさらである。

「男のように考え」とは、この社会は男性が自分たちを中心にしてつくり上げたものだということをふまえ、その社会に入って、そこで女性が自分の能力を生かすにはそれなりの覚悟がいるということである。男社会のルールをよく見極めて、それに逆らわず、それを身につけて、警戒されないように、かつ排除されないように努めることである。男性同士の関心事には理解を示し、野球好き、サッカー好き、マージャン好きの会話も一応理解できるほうがよい。

「レディのように振る舞う」とは、ひと昔前までは知的に高い女性ほど服装や髪型に無関心な人が多かったのだが、やはり女性にふさわしい装いや緊張感が必要だということだ。私も勤めのあとに夫とデートしたとき、「僕とデートするときはハイヒールにしてくれよ」と言われた。私は、働くことを中心に考えて動きやすいパンプスを履くことを常としていたが、ああそうかと思い当たったものだ。

「犬の如く働け」とは、女性は、男性の二倍も三倍も智慧をしぼって工夫をし、職場で余人をもって代えがたい存在にならなければならないということである。「そんなことはできませんよ。私は一〇時～五時の人です」と言うのであれば、これはもう別問題。仕事をするからには、そこでピカリと光る存在になること、これが次のステップに上る近道である。

キャリアを貫くことは容易なことではない。男性の考え方は簡単に変わらないし、男性にとって居心地のよい環境は、目下のところ残念ながら女性にとっては住みにくいところと言ったほうがよい。次の世代のキャリアに向かって、「果実は簡単には自分の手に入らない」と言いたい。時間をかけて、粘り強く自分の目標をかかげて一歩一歩進むこと。その姿は、やがて周囲の者に納得してもらえる。待っていても何も変わらない。自分で、たゆまず手をゆるめず、自分の力で世の中を住みやすくしていこう。

現場主義

仕事の現場で長年にわたって培われたことの一つで、いまでも物事を判断する際にきわめて重要な条件だと思っていることを述べさせてもらいたい。

企業の現場では、ピラミッド型の組織を硬直化させないためにトップは必ず現場に足を運び、そこで起きているさまざまな事象を自身の目で見て、直接肌に感じて判断を下さなければ的確さを欠いてトラブルになる。仮に「組織」を通して上意下達はうまくできていても最末端の現場からの異常信号に配慮を怠れば当然避けられるものが避けられず、事と次第によっては破滅的なことになりかねない。

上意下達の組織では「イエスマン」が重用され、うまくいっているように見えても、実はただ組織の上に乗っかって仕事を流しているだけで自分の手でしっかりと仕事をしていないということが多々ある。そんななかで、現場が感じている不審なことや不合理なことを下からもち上げようとすると、中間管理者は自分の責任が問われると思って握りつぶしてしまうことがある。これは、私が組織の末端で働いていたときにも何度か経験したことである。

サラリーマンの場合は得てして、同じ給料をもらっているのだから、余計なこと、余分なことをしないでできるかぎり現状維持だけに努めようという力が働くものだ。しかし、私はいつもこう考えた。同じことをしていたのではやはり進歩は望めない。無理を承知でいいものを、そしてより値打ちのある商品をつくりだしてマーケットで評価を受けたい。それが他店との差別化にもつながり、自分の店の優位につながると考えてこれまで仕事をしてきた。

「ことば」が独り歩きする――マスメディアの特徴

時代を動かすリーダー的な人物が、自分に都合のよいコンセプトを前面に押し出して、一度大衆がこれを受け入れるとマスメディアの力で押し広めてプロパガンダとなり、あげくの果てには「市場の価値」にまで高められていってしまう。そしてこれが、ある時代を鮮やかに描きだすコンセプトとなる。私は、この種の経験を一度ならず二度もした。奇妙にも、そこには共通したものがある。

最近では、ライブドアのホリエモン（堀江貴文氏）が主張したことである。従来の日本の金融市場に「時価総額」という新しい価値をもち込み、「会社の価値は時価総額で見直されるべきだ」と言う。時価総額というのは、企業の発行済株式総数に株価を掛けた額のことで、企業の現在の価値を表す指標の一つにはなる。われわれにはこの言葉が目新しく感じたわけであるが、考えてみれば、株の世界では早くから使われていた言葉である。

企業の規模を測る尺度としては売上高がこれまでは一般的であったが、「時価総額」はライブドアのように企業を買収しようとする側には都合のよい指標であった。買収においては、仕掛けるほうがかなり勢いをもって迫ってくる。襲われるほうは、予知していないだけに動揺も大きく、臨戦体制を整えるまでに時間がかかってしまう。彼が意識したのかどうかは知らないが、彼独特の「時間」を先取りする手法でプランを立てて「ニッチ」を押し広げ、この新しい「時価総額」で強引に周囲を巻き込んで踏み込んできた。

学者ではなく実際に名のあるビジネスマンが発信すると、受け取るほうは新しい価値観に吸い寄せられ、これに当てはまらなければ価値がないような気になってカリスマ性の強いリーダーのもとに屈してしまう。彼の手法で「時価総額」を見通せば、株価の動向にさほど大きな注意を払わなかったこれまでの経営者は、株価を動かす要因に対しては極端に用心深くなるのは当たり前だ。株価をダイナミックにとらえて、その時点の評価が説得力を帯びてくるようになるものだ。

もう一つの体験は三〇年近くも前のことで、まだ「M&A」という言葉がなじみのないころ、私が取締役として髙島屋の広報室長時代のことである。時代が大きく動くとき、日常業務をこなして巡航速度を守っていればいいのかというとそうではないということを思い知らされた。

髙島屋は長年にわたって百貨店業を営み続け、社会的にも認められてその存在を確かなものとしてきた。デパートの多店舗展開とスーパーのチェーン展開とはまったく異質なのである。デパートで販売する商品はそれぞれの地域に根ざしたローカル色の強いものであるのに対し、スーパーは全国どこへ行っても同じ商品を販売している。あるとき、「流通革命」の旗印のもとにスーパーダイエーが既成の小売業界に揺さぶりをかけてきた。そのときの中内功（一九二二〜二〇〇五）氏の言い分に、人間のおごりがあると感じたのは私だけではなかっただろう。たとえば、「資本の論理」とか「カットスローコンペティション」という彼の言葉に、マスコミは何か新しい変わった理論だと感じ、当時、盛んにこの言葉を使ってテレビや新聞の紙面をにぎわした。「資本の論理」とは、算数の上では「０」より「１」、「１」より「２」が大きいというような意味で、資本主義体制のもとでは「カネ」を持っている者が常に強く絶対的なものである。しかし、だからといってその人間が何をしても許されるということではない。アメリカの公正取引委員会の建物の前には荒馬に乗ってそれを制御している彫像があるが、これは「原始資本主義」ともいうべき体制に歯止めが必要であることを意味していると思う。

さらに、「カットスローコンペティション」に至っては「喉を掻き切る」という殺人を意味する言葉であって、これが堂々と中内氏の口から発せられ、これを通すことはこちらの「負け」となるためにわれわれは断固抵抗した。そんなにまでして、「人のものは自分のものに」、「自分の利益を最大限にする」という考え方を押しつけるのはいかがなものだろうか。残念ながら、それをたしなめる勇気のある人がいなかった。そして、記者魂をもった新聞記者もいなかった。二人とも強力な指導力を発揮し、ものをねじ伏せる力をもっていた人間として、その言葉は強く印象に残っている。

ダイエーとの闘い

一九八〇年（昭和五五年）一〇月、私は東京都知事一行の訪中友好使節団の一員に加えていただき、北京、上海、杭州を一週間かけて歴訪した。道中、表敬訪問というのは「こういうものなのか」と知った。最高の待遇、知事は大臣級で「英雄」という名のセダンに乗り、われわれ随員一行はバスに乗って万里の長城、紫禁城、上海の旧租界地といった名所旧跡を訪ね、最高のおいしい中国料理をいただいた。毎晩、晩餐会の鈴木俊一都知事の御挨拶も形式的なものではなく、心に響く、お人柄を感じさせるものだった。

帰りは長崎空港経由で、とてもいい気分で羽田空港に着いた。迎えに来てくれた担当課

訪中友好使節団（写真提供：筆者）

長から「このまま家へ帰られますか？」と聞かれて、「もちろんよ」と答えたが、ともかくホテルに部屋がとってありますから、そこへ行って「話を聞いてください」と言われた。羽田からホテルまでの道のりが妙に長く感じられた。

京都の「医療法人十全会」がもっていた髙島屋株を、どうやらダイエーが握ったらしいと言う。社長への帰国の報告は明日でいいと思っていたが、これは広報室長という私の立場から、明日まではは延ばしておけないと思ってお電話をした。ところが、「そんな話は聞いていない」と社長に言われた。

当時としては買収された金額が大きなものであったことから（発行済み株式の一〇・四パーセント）役員間に走った衝撃はかなりのものだった。さっそく、翌日から社長を中心に行動が開始された。主力銀行を訪ね、まず実際に十全会からダイエーに株が移ってしまったのかどうかの確認と、飛ぶ鳥を落とす勢いのダイエー、天下に怖いものなしの中内社長が何を考えているのかを探ることからはじまった。

広報室長としての私も、至急情報を集めることになった。徐々にわかったことは、社のなかにすでにダイエーとの接点があったことだ。一つは、赤字の髙島屋津田沼店をめぐる問題、もう一つは「オ・プランタン」の問題であった。

ダイエーは、パリのオ・プランタンから直接オ・プランタン・ジャポンのブランドを買い、日本で髙島屋が世界百貨店連盟の唯一のメンバーであったためにこのことについて協力要請があったようだ。これに当たっていたのは、当社の中込善弘取締役業務部長と広瀬正広業務副部長であった。

いまにして思えば、髙島屋は中内氏の野望を見抜けていなかった。中内氏の流通革命は、既存の流通業界をぶち壊して、昭和六〇年（一九八五年）にはスーパーだけでなくコングロマーチャントとして四兆円の売り上げを達成する壮大な構想のもとに動いていた。したがって、是非とも百貨店を抱き込んで、スーパーとは違った商品供給のルートを確保したかったのだ。

業務副部長の広瀬氏はパリの駐在員が長く、語学にも長けて、その行動もわれわれから見ると組織を飛び越えて目を見張る行動が少なくなく、ダイエーの入江義雄専務とはパリ時代からの知己であったようだ。「オ・プランタン・ジャポン」としてプランタン（パリ）と提携したものの商品には新味もなく、百貨店としては認知されない状況のなかで髙島屋の商品が欲しかった事情がよくわかる。だから、手を替え品を替えて髙島屋の弱味を探り、徐々に網を絞って抱き込もうとしていたのだ。

加えて、髙島屋は三和銀行をソールバンクと考えていたが、ダイエーは四行並列として、住友、三和、東海、富士を同じウエイトに置いて競争関係を維持していた。その三和銀行が、昔からのデパートよりも伸びざかりのスーパーにウエイトをかけたとしても不思議ではない。それが、銀行の頭取の舵取りにはっきり現れていた。

一昔も前のこと、企業は、本来自分の力で育てるものという風潮が主流だった時代。M&A的買収は日本企業の太平の夢を破り、その衝撃はものすごかった。役員会も動揺し、果たして敵対的買収を仕掛ける者に対して誰が立ち上がるのか、外部から攻め込まれたときに立ち上がるのは誰なのか、それは社長以外には考えられない。社内が二つに割れたときには、広報室は社長を支えて闘わなくてはならない。ある意味、伝統的な商人道に支えられている百貨店業界で育った髙島屋の社長と、独力で叩き上げてきた中内社長とでは根本的にその執念の燃やし方が違った。

一〇年経ったら真相がわかる――髙島屋を去ろうとしたわけ

物事が沸騰しているとき、渦中にいる人間は自分も何が何だかわからないが、しばらく経ってみると船底に沈殿してしまっていたものがポツンポツンと浮き上がってきてパズルの穴を埋めてくれるものらしい。髙島屋の最後は、私にとっては嵐が吹き荒れ、行く先が見えず、いつも相談相手であった主人とも死別し、顔に吹きつける雨風のなか険しい山路を一人で歩んでいるような状況だった。

入社以来、ほとんど売り場（営業）で一日一日が切った張ったの生活を送り、一九七九年（昭和五四年）、取締役兼本社の広報室長に昇進してからまもなくダイエー問題にぶつかり、約半年に及ぶ株式騒動の末、ダイエーが獲得した髙島屋株一〇・四パーセントの半分を返してもらい、一件が落着した。その間、社内は飯田新一社長とダイエーとの提携を推進した飯田鉄太郎副社長派との軋轢がかなり深刻となり、役員室はなんとなくギスギスした空気に覆われていた。

ダイエーとの駆け引きの最中、社長を中心に、竹内清兵衛副社長と綾元文常務と広報担当の私が手分けをして、対ダイエー、対新聞記者、対雑誌記者にあたった。さらに、私には情報収集という任務があった。これをきっかけに、社長室との距離が縮まったようにも思った。

事実、営業時間中はもとより、閉店後に行われた種々の会合にも積極的に顔を出し、一二時までは会社にホットラインを引き、家に帰ってからも夜中の二時までは朝刊に間に合わせる記者とのやり取りがあり、ひと眠りして翌朝九時前には会社に入って、開店前に前日起こった変化や情報を伝えるといった生活が三か月近く続いた。当然、現在のように携帯電話はなく、卓上電話が大きな役割を果たしていた。

毎日、毎日、広報室には新聞記者をはじめとして週刊誌、月刊誌の記者が入れ替わり立ち替わり現れ、その時点までの事件の推移と見通しを聞かれて応対をし、社長のコメントを求められても記者団との社長の直接対応は避けた。ダイエーの社長のようにマスコミを自由に操ることに馴れていない社長を、人目にさらすことが忍びなかったのだ。

広報担当は、あるときには社長代行としてコメントをしなければならず、まかり間違えば責任問題にもなる。そのうえ、往々にして記事になった文言にいいちゃもんがつき、毎日サンドバッグ状態になっているような気がしていた。「打たれ強くなれ」と人は言うが、生身の人間が叩かれれば痛みを感ずるのは当然である。ダイエー問題が一段落したあと、「あの荒法師のようなダイエーの社長をよく水際で防いだ」と、ダイエー問題で高島屋のために親身になって助言もしていただき、新興スーパーの中内社長を諫めてくださったレナウンの尾上清会長からお誉めの言葉をいただいた。

一九八一年（昭和五六年）、私が取締役から常務になった折、異例の昇進として新聞や雑誌が取り上げ出した。その内容といえば、ある雑誌などは、「女性が上役であることが不都合である」かのような主旨と、私のことを社長の取り巻きであり、紅青（毛沢東夫人）の名前を冠して「社長の虎の威を借る狐」になぞらえた存在であると書きたてた。保守的な百貨店の世界で、女の広報担当として格好の標的になったわけだ。電車の車内吊り広告に「女帝石原一子」という文言が躍り、知らずにその下に立ったときは正直ぞっとした。

その間に主人の病気がガンだとわかり、人に言えないショックを隠しながら出勤した。しかし、重役室の雰囲気も何となく居心地が悪くなり、さらに主人が亡くなったあたりから急速に冷たい仕打ちを感じるようになった。広報の仕事も日高啓専務から制限を受け、それまで毎月の店別の営業会議に出席していたのに「その必要ない」と言われ、直接広報室への社長からの問い合わせはまったくなくなり、蚊帳の外に置かれた。社長に睨まれているとわかると、ものの見事に、そして露骨に周りの役員たちが私に辛くあたってきた。その空気に耐える、言ってみれば我慢比べのような毎日だった。

高島屋の役員室の空気は、まるで「出て行け」と言わんばかりの雰囲気となった。私は心のなかでここはもういるところではないと考えはじめていた。レナウンの尾上会長に私の置かれた状況を聞いてもらったとき、「毎日、必ず会社に出ること。時間内の業務を完全にこなすこと。あとは本を読んで過ごせ」と、ご助言いただいた。

しかし、これまでメンターとして私を支えてくださった飯田社長が急に手のひらを返すような態度に急変したことに戸惑いもし、納得もいかなかった。「こんなことは世間にはよくあることだ」と慰めてくれた人もいたが、私なりの理解では、日高専務（のちに社長）の社長への道筋を確かにするために私の存在が邪魔になったのだと考えた。ダイエー騒動の最中、日高専務は軽い脳梗塞で休みをとっていた。解決のために汗をかかなかったことは事実だし、それが無傷のように外には写ったのかもしれない。

しばらくして、以前からハーバード・ビジネススクールの役員用研修プログラム（advanced management program：ＡＭＰ）に応募したらどうかとすすめてくださっていた竹内弘高教授に相談し、主人の亡くなった直後からその準備にかかった。レナウンの尾上会長は、「いままで君のやって来たことを認めない社長なら、君が休暇をとって社を離れればいい」と言ってくださった。その言葉に従い、静かに遠くへ行く準備をすべて社外で整えた。

英語については、役員になったばかりのころに村松増美氏から、「これからは喋れることが大切だから、いまから勉強しても遅くはない」と言われ、髙島屋の横にあるビルに入っていた英会話教室「ベルリッツ」に毎朝出社前に一時間半通っていた。八年間にわたってビジネス・宣伝のテキストを使ってネイティブの英語の教師について勉強したことが私のボストン行きを後押ししてくれたと思っている。

役員会を四か月近く留守にすることについてあとで責任を問われないように、日本を離れる直前、社長宛てに四か月の休暇を申し出てすべての手はずを整えた。そして、昭和六一年（一九八六年）九月末、日本をあとにした。しかし、心のなかでは、来年の五月末の役員改選期にはこの会社を離れることになるだろうと覚悟していた。

ＡＭＰへの応募は日本からの逃避が第一だが、このコースを選んだ理由は、役員になるための研修プログラムに興味をもち、いったいどんな内容になっているのかを確かめたかったからである。全世界から集まった学生は、アメリカ人が六割、あとの四割はカナダ、イタリア、ドイツ、日本、中国、シンガポール、アフリカ、チリからで、将来、その会社の役員になる人材ばかりであった。三〇代から四〇代の男性が主で六〇名、女性は三人のアメリカ人とカナダ人と私の五人であった。

全寮制で、バス・トイレ・メイド付きの完全な個室（ベッド・机・本棚）で、いわゆる役員待週の学生寮であった。授業は朝八時～午後二時まで。スポーツ施設も完備されており、放課後は柔軟体操などをして筋肉をほぐした。朝から晩まで英語漬けの日々のなか、「悲しみ」は日本語で感じているものなのだということがよくわかった。日本語で考える時間が極端に減ったために、辛い思い出からも距離を置くことができたのだ。日本を離れることが、大げさに言えば日本語から自分を遠ざけることになり、悲しみを心のなかから締め出すことに役立つだろうというアイデアは、的外れではなかったようだ。

ハーバードから帰って来てからの半年間は、髙島屋を辞めることを決めていたので私なりに落ち着いて過ごせた。いじめられることもなく、声もかけられず、三三年間勤めた髙島

ハーバード・ビジネススクールのときの仲間（写真提供：筆者）

屋を昭和六二年（一九八七年）五月に辞めた。自分で決心して辞めるんだから、未練たらしく振りむくことはやめた。そして、髙島屋時代の友人に会うこともやめた。あれ以来、日本橋の髙島屋には足を踏み入れていない。

それから一〇年ほど経って、ニューオータニの別館のエレベーター前で元副社長の竹内清兵衛氏とばったり顔をあわせた。

「元気か？」

「おかげさまで」

「ちょっとオフィスに寄っていかないか」

かつてのダイエー戦争のときの戦友。小じんまりした部屋に通され、「なぜ、最後、社長が石原に対して冷たかったのか知っているか？」と言われた。

「もう済んだことですから」と答えたら、竹内氏は次のように言った。

「これは、社長の家に出入りしていた画家の夫人から直接聞いた話だ。加藤敬治常務夫妻が社長宅を訪ねて、『石原が社長を追い出して、社長になろうとしている』と告げ口をした。これを、社長が信じたのだ」

これで、私が長年にわたって「何故なんだろう」と心にひっかかっていたことの謎が解けた。加藤常務に恨みを買った覚えはない。しかし、彼なら何となくやりそうな気がした。社長としては、緑内障がかなり進んで目が見えていなかったことで疑心暗鬼になられたのだろう。しかし、すべて昔のことである。

これまで、私の生い立ちから髙島屋時代のことまでを述べてきた。いま振り返ってみても、同世代の女性が過ごした生活とはかなり違ったものだったと思う。その場その場で、自分の思った方向に舵を切ってきた。中途半端な妥協だけはしてこなかった。自らの半生を記することの恥ずかしさもあったが、こんな女性もいたのだと記憶に留めていただければうれしい。

さて、次章からは、ここ八年間にわたって私がかかわってきた市民運動の記録である。髙島屋時代同様、一種の使命感、私がやらなければ誰がやるという信念をもってこの運動にも取り組んできた。法律用語も多々出てきて、少し難しいかも知れないが、これからの日本を考えていくうえでの重要課題とも思うので、意のあるところをお汲み取りいただきたい。

守られた組織（サラリーマン）から市民運動への転換は、一八〇度の違いがあった。企業での仕事の進め方は、どんなに多くの人がいても企業の成り立ちに基づいて、存続をかけたものを終身雇用の期間で実現していくもので、ゆるやかな連帯がある。しかし、市民運動にかかわる人はそれぞれ違う分野の人たちで構成され、決して長くない時間において結論を出していくのは容易なことではない。立場が違うからこそ会話が必要となり、忍耐強い話し合いが大事になってくる。そして、目的が達成されればさらに会話が必要になってくる。そのスパイラルの繰り返しである。

第3章

明和地所といかに闘ってきたか

国立駅前の大学通り。中央にいまはなき駅舎が……（写真提供：中町仁治）

志のある町

「一子、ここに住もうよ。ここは、日本では珍しい街並みだ」

国立に降り立ったとたん、父が言った。父は、長年にわたって満州で仕事をしてきた人だから、国立の幅四四メートルのブロードウェーの豊かな街路樹や駅前のロータリーから放射状に走る道路を見て、大連やハルビンの街並みを思い出したのだろう。一九四九年（昭和二四年）の春、私が大学に入学した日のことであった。この父の決断で、私は国立に住むようになった。まずは、少し国立の町の歴史について述べておこう。

国立は、大正末期、谷保村北部の通称一〇〇万坪（三・三平方キロメートル）の土地に、「箱根土地」（現・コクド）の堤康次郎[1]社長と東京商科大学（現・一橋大学）の佐野善作[2]学長により、ドイツの大学町ゲッチンゲン（Goettingen）にならって建設された日本でも屈指の学園都市である。開発当時の分譲宣伝ビラには、「大学町は学校を中心とした平和にして静かな郊外の理想郷ですから、工場や風儀をみだすような営業は絶対にお断りせねばなりません」と書かれており、町づくりの理念を端的に表している。

このように、国立の町は、理想的な学園都市をつくるという堤康次郎氏と佐野善作学長の二人の夢から出発したものである。この開発者たちの精神を、町に移り住んだ人たちが理解し、その意思を受け継いで営々と育ててきた。このことは、四季を通じて緑地帯を彩る花や大学通りの美しいサクラ、イチョウの並木の姿が如実に物語っている。

自分たちの意思で守り、育ててきた町

一九五〇年（昭和二五年）六月の朝鮮戦争の勃発により、お隣りの立川基地に多数の米兵が進駐してきた。その影響は国立にも及び、国立駅周辺には米兵相手の簡易旅館や飲食店が出現しはじめた。このままでは大学町としての風紀が乱れると懸念し、一九五一年（昭和二六年）五月、主婦三〇人が率先して国立町の「浄化運動」に立ち上がった。

（1）（一八八九～一九六四）日本の実業家、政治家。西武グループ（現コクドおよび現セゾングループ）の創業者。第四四代衆議院議長。日米関係重視、道路建設の重要性にいち早く注目するなど、その後の戦後日本政治の主流思想の嚆矢だということもできる。滋賀県大津市名誉市民。正三位勲一等。

（2）（一八七三～一九五二）会計学者、教育者。商業教育に大きな功績があるとして一九五二年に勲一等瑞宝章。一八九五年、東京高等商業学校（現・一橋大学）を卒業後コロンビア大学、ロンドン大学に留学。一九二〇年、東京商科大学の初代学長。一九二一年、同名誉教授。初の生え抜き校長として、東京高等商業学校の発展および大学昇格に尽力した。佐野が校長を務める間に同窓会として「如水会」の設立などが行われた。

私はちょうど一橋大学に在学中で、キャンパスにも派手な女性（私娼）を連れた米兵が入ってくるようになり、当然のごとく問題になっていた。当時の中山伊知郎学長が「浄化運動」への協力を求めてきた学生を後押しし、町内の学校（一橋大学、国立音楽大学、国立音楽高校、桐朋学園、都立国立高校、都立第五商業高校）の関係者と住民が大学町と子どもたちの環境を守るために結束した。そして、風紀の乱れを規制しようと、前年一二月に公布された東京都の文教地区建築条例に注目し、この指定の実現を柱に据えた運動を発展させていった。

町議会では熱気溢れる討議が続き、賛成派と反対派の攻防のすえに、一票差で文教地区指定を決議した。こうして国立は、一九五二年（昭和二七年）、全国で初めて住民発意による文教地区指定を受け、学園都市としての道を改めて確認したのである。

それから二〇年ほど経った昭和四〇年代、交通量の増大にともなって、児童・生徒の人命尊重の立場から大学通りに歩道橋を設置するという問題が浮上した。しかし、大学通りの美観上歩道橋は好ましくない、車優先反対という市民からの反対運動も展開された。とくに、この場所は学校に囲まれ、通学児童らの人命尊重には誰しも異存のあるはずはなかったが、しかしそのうえで大学通りの景観を守る方法はないのかということが問題となったわけである。とはいえ、当時の日本社会としては、「人命尊重→即歩道橋設置」といったきわめて安価で手軽な方法しか用意されていなかったため、反対派のグループは東京都を相手に訴訟を起こした。有名な「環境権裁判」である。

そして次は、一九七〇年（昭和四五年）の建築基準法の改正にともなう用途地域の全面見直しの際に、国立市は、市民の要望も受け、議会の承認も得て、大学通りとその沿道の奥行き二〇メートルを第二種住居専用地域(3)として東京都に提出した。

しかし、反対派住民たちは、それでは大学通りに中高層の建物が立ち並んで景観が壊れるとして、建物の高さが一〇メートル以下という自己犠牲をともなう規制の厳しい第一種住居専用地域(4)に下げる大運動（一種住専運動）を一九七二年（昭和四七年）から翌年にかけて展開し、現在の一橋大学から南側を第一種住居専用地域に指定したという経緯がある。

二〇年の歳月が流れ、一九九三年（平成五年）一一月、駅前の大学通り沿いに「遠藤ビル」（のちのナイスアーバン・ビル）の一二階建てのマンション計画が発表された。一九八九年（平成元年）の用途地域の異常な緩和で、駅周辺並びに大学通り両サイドの富士見通りと旭通りが容積率六〇〇パーセントの商業地域になり、高さ制限も撤廃されていたからである。

この遠藤ビル計画は、市民が改めて景観の問題に気づくきっかけとなった。これ以降五年半、つまり一九九三年（平成五年）一一月から一九九九年（平成一一年）四月の上原公子《ひろこ》(5)市長誕生までは、佐伯有行自民党市政下、行政による高層マンションの相つぐ承認、市民側の景観条例制定

（3）都市計画法による用途地域の一つで、中高層住宅の良好な住環境を守るための地域。高さの制限はない。
（4）都市計画法による用途地域の一つで、低層住宅の良好な住環境を守るための地域。高さは一〇メートルまたは一二メートルに制限されている。

要求運動の展開（一九九四年）、行政による景観形成審議会の設置（一九九五年）、景観条例の制定（一九九八年）といった、行政と市民運動の一進一退の攻防が続いていった。

このような大学通りの歴史的概観からも、個人的利益を犠牲にしてでも良好な住環境と大学通りの景観を守り通したいという国立市民の強い意思、そして環境、景観に対する高い権利意識と市民自治の精神を見て取ることができる。この町は、自分たちの意思で守り、育てていくものだという誇り高いＤＮＡが脈打つ町であることを強調して余りあるところである。改めて、街並みは生きているのだということをしみじみと考える。

マンション問題への初めてのかかわり

一九九八年（平成一〇年）秋のある朝、駅に向かって急いでいた私の目に、突如、工事中の建物が飛び込んで来た。それも、「赤い三角屋根」の駅舎の後ろにによっきりと出ているのである。われと、わが目を疑った。「あれ？　あんなところに、どうして？　一体何が起こっているの？」と、一抹の不安を覚えながら都心に向かったことを思い出す。私は典型的な会社人間で、朝出て夜帰るという生活をしていたので町のことはあまり知ろうとしなかったが、どうもこのころから国立はあちこちで騒がしくなっていたようだ。

私の家の周りは一、二階建ての低層住宅地であるが、一九九八年（平成一〇年）、そこに五階建てのマンション計画がもちあがった。私は近所の人たちといっしょに当時の佐伯市長を訪ね、「景観条例に基づき、景観審議会にかけて欲しい」と要望した。しかし、佐伯市長の答えは次のようなもので、まったく取り合ってくれなかった。

「景観条例など意味がない。審議会にかけても無駄ですよ。それより、新宿の高層ビル群をご覧なさい。あれも、景観の一つです」

このとき、私は市長室を出るなり叫んでしまった。

「あの市長では国立の町は壊れてしまう。市長を変えよう！」

景観派市長の誕生

駅周辺の高層マンションの出現は市民の怒りとなって、遂に一九九九年（平成一一年）四月の市長選挙において五期二〇年続いた自民党市政を倒した。そう、上原公子市長の誕生である。上

(5)（一九四九〜　）宮崎県出身。東京・生活者ネットワークを経て国立市議。法政大大学院中退。一九九九年の統一地方選で現職を破り、国立市長に初当選した。以後、二期務める。

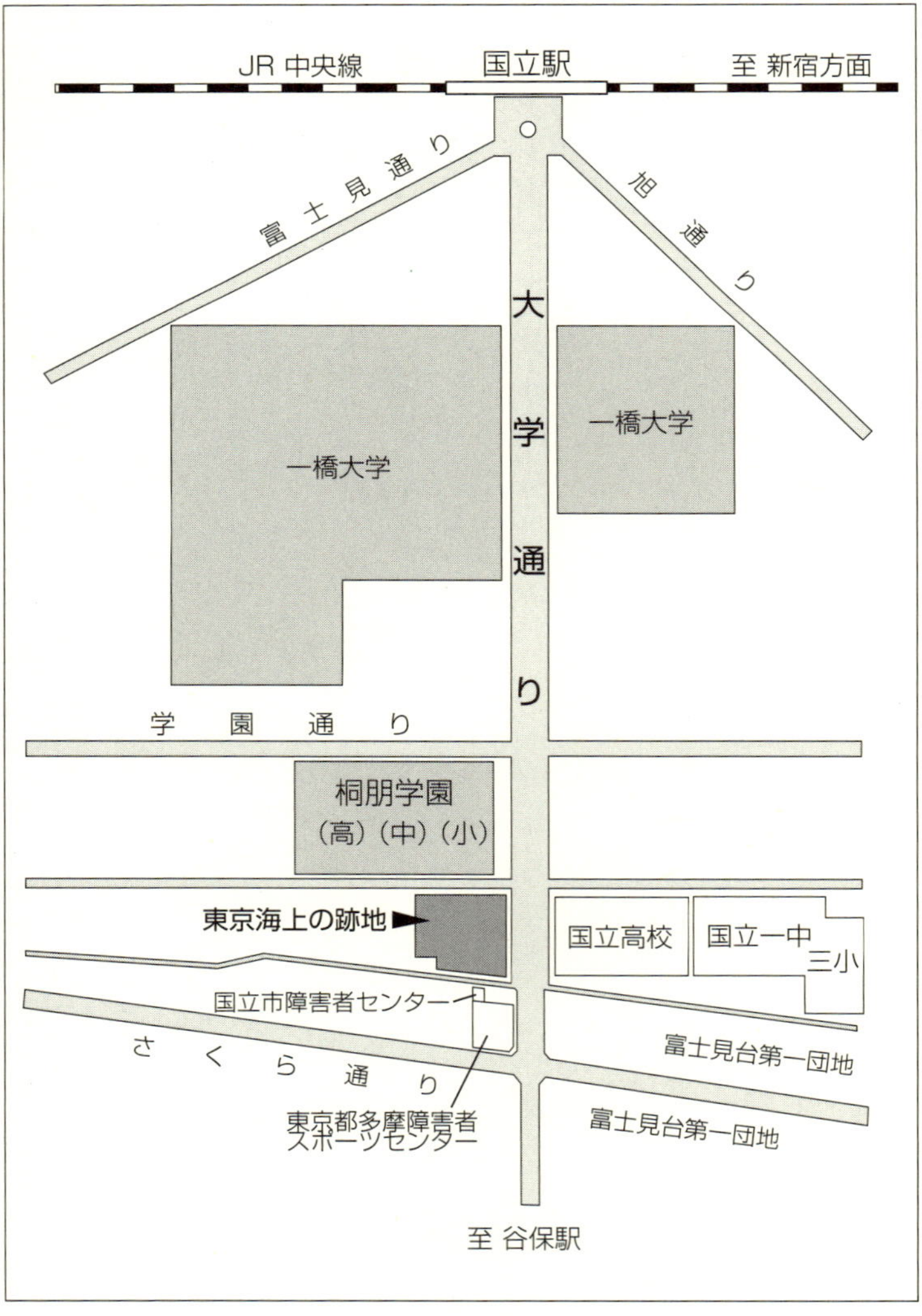

JR 中央線
国立駅
至 新宿方面
富士見通り
旭通り
大学通り
一橋大学
一橋大学
学園通り
桐朋学園
（高）（中）（小）
東京海上の跡地
国立高校
国立一中
三小
国立市障害者センター
さくら通り
東京都多摩障害者スポーツセンター
富士見台第一団地
富士見台第一団地
至 谷保駅

原市長は、就任直後の施政方針で次のように決意を表明した。

「国立市の歴史を振り返ってみますと、国立市民は重要なまちづくりには、まさに主人公として参加していくという市民自治の輝かしい伝統があり、市民はこの伝統を何より誇りにしてきました。私は市長として、この伝統を継承していくことを一番の任務と考えています」

東京海上火災㈱の跡地

「東京海上火災保険」は桐朋学園の南に位置し、大学通りに面した五三〇〇坪の土地を一九六五年（昭和四〇年）に日本自動車から取得し、一九九五年（平成七年）に多摩市に移転するまでの三〇年間、事務計算センターとして利用していた。その間、一九八七年（昭和六二年）、東京海上は計算センターが手狭になったことから、六階建てに増築するために用途地域変更の陳情書を国立市に提出した。しかし、国立市は大学通りの景観保全を理由としてそれを聞き入れなかった。

一〇年が過ぎた一九九八年（平成一〇年）には、景観条例準備の際に市が行ったアンケート調査で、市民の八八パーセントが「大学通り」を大切にしたい場所として回答したことから、「大学通り」は都市景観形成重点地区の候補地に指定された。とはいえ、この東京海上跡地をめぐって数社から土地買収の動きがあったことも聞いている。しかも、この土地に六階以上の建物が建てられないことはマンション業界の常識となっていた。東京海上の売却提示額は非常に高く、六階以下の建物では採算がとれないということから各社は購入を断念していたわけである。そこへ、明和地所がやって来たのである。

明和地所の出現――「東京海上跡地から大学通りの環境を考える会」の結成

一九九九年（平成一一年）六月七日、明和地所は国立市の担当職員を訪ねて、一四階建ての四〇〇戸のマンション計画を打診した。不動産業界では、明和地所がどうやらあの東京海上の跡地を購入するらしいという噂が広まっていた。周辺住民の間でも黒塗りの車が止まっているなどの情報が飛び交い、にわかに国立の町が騒がしくなっていった。

住民たちは、東京海上宛に高層マンションを計画している業者に売却をしないで欲しいという旨の「お願い」を提出したが、七月二二日、東京海上は明和地所と土地売買契約を締結したのである。東京海上という会社は、言うまでもなく日本を代表する会社で三菱系の名門である。その会社が高値で売ることだけを考え、しかも国立の歴史を百も承知で売却したのである。

八月八日、「国立の大学通りを公園道路にする会」の代表として約三〇年間活動してこられた三上幸子（二〇〇七年没）さんの呼びかけで、近隣住民、桐朋学園関係者、大学通りの景観を守る活動をしている各団体、国立市内の高層マンション建設反対運動にかかわってきたいくつものグループ、それに国立の景観問題に関心を寄せていた市民など約五〇名が福祉会館に集まり、「東京海上跡地から大学通りの環境を考える会」（以下、考える会）を立ち上げた。八月一四日のことである。そしてすぐさま、市議会に対して、明和の巨大高層マンション計画の見直しを求める署名がはじまった。

そのころ私は、国立でこのような騒ぎが起こっていることも知らず、サンフランシスコの郊外にあるバークレーの娘のところでのんびりと夏休みを過ごしていた。バークレーは、蒸し暑い日本と比べて空気がカラッと乾いていてすがすがしい。朝は霧がかかるが、昼ごろには晴れて高い青空が見え、さわやかな空気が心地よい。そこへ、「国立市議会議員の佐藤節子（一九九五～二〇〇三年の二期を務める）さんが私に会いたいと、切羽詰まった様子で電話をかけてきた」という連絡が東京の家から入った。もちろん、このときの電話が、私のその後の人生でこんなにも大きな意味をもつことになろうとは考えもしなかった。

帰国してすぐ、町内の末吉夫人と佐藤議員がわが家に来られ、「考える会」の代表になってもらいたいと頼まれた。会に政党色がなく、独立性・自主性をもった市民の声の集合体であることを条件に私は引き受けることにした。八月二五日のことである。

そして九月に入り、桐朋学園ではこの問題の対策のために、教職員で組織された「マンション対策委員会」、保護者で組織された「子ども達の教育環境を守る会」、卒業生や保護者のなかの法律、建築、行政、都市計画の専門家で組織された「専門協力者会議」を発足させた。そして、法人本部からは大西信也理事を迎えて態勢を整えた。

明和地所の近隣説明書——まず、住民を黙らせる

われわれの運動の原点は、明和地所が配った二冊の「近隣説明書」にある。その後の明和地所の対応を知ってもらうためにも、とりあえずこれを要約して説明しておこう。

この「近隣説明書」は、Ａ４版の二冊構成になっている。一冊目は「建物の概要」として一〇四ページ、そして二冊目は、一三九ページに及ぶ「近隣説明書—2」である。この近隣説明書は、まず近隣住民に対するおどしからはじまっていた。

「はじめに」のページで、衝撃的な表現、「原告」という文字が目に飛び込んでくる。まさに、会社の方針と体質

建築：近隣説明書

を如実にあらわにしている。事業を起こすにあたって、事が起こる前から訴訟の相手と位置づけての言葉なのだ。これを目にしたとき、不愉快きわまりない言葉に吐気をもよおした。まず、その五ページに書かれてあることを紹介しよう。

この説明書は誰が読んでも読み易くて理解し易い内容につとめましたがこれを読む前の「説明に来い」の請求（要求）は、これをお断りします。質問はこれを読んだ後にお願いします。

この厖大で身勝手な説明書をあらかじめ読んで来いとは、まったくあきれた、人を馬鹿にしたやり方だ。さらに、七ページからの「近隣説明の方法について」の項では、二つの説明方法を、①説明会を開催する方法と、②戸別説明に分類し、さらに（a）口頭説明をする方法と（b）書面説明をするに分類し、いずれの方法を採用するかは説明者（建築主）に委ねられており、明和が採用した方法は「②戸別説明のｂ書面説明」であると言う。そして、一一ページでは、東京都紛争予防条例で求められている説明に関しては、「説明会等であって説明会に限定されている訳ではありません」として、説明会を開く必要のないことを裏付けようとしている。

一　別冊近隣説明書に対して、どの箇所であるかを明確にせずしてただ単に「近隣説明会を開催せよ」との旨の請求は採用できません。それらの部分を指摘するぐらいのことは誰にでも容易にできる筈でありますが、しかるにそれができない（しない）との主張は、坊主（建設計画）憎けりゃ袈裟（その説明方法）まで憎いと同様論法であると解するのが相当である（本末転倒の請求である。）ために、因って、これを採用できません。（一一ページ）

七ページから一八ページまでの「近隣説明の方法について」の項では、何としても説明会を開くことを拒み、この一点に絞って説明会を開かない論法を自分に都合のよいように並べたてているのである。自社の計画を実現させるには、まず近隣説明会は絶対開かない、これが明和の基本戦略であった。

次項の「建築主の原点」では、「建築主は、その法律関係の目的に従って一定の行為を為す可能性が保障され、近隣住民は、それを認諾許容することが要求されます。この関係を具体的に呼んで、建築主は、近隣住民に対し、『権利を持つ』といい、近隣住民は、広い意味での『義務を負う』といいます」（二〇ページ）と、一方的な法律関係を押しつけてきたうえ、以下のような記述をしている。

建築主と近隣住民の互いは、その時々の法令・基準等の規定が個人的には気に入らぬ内容であっても、それが改定されるまでの期間は、「悪法も又、法律である」との諺に習って、公になっている法令・基準等の規定を守っていくのが公平・公正であります。そうすると、法は万人に対して平等でありますから、建築主は関係法規を順守することにより、近隣住民は幾分の阻害を蒙るからとて公になっている法が容認した阻害はこれを受忍することにより、両者は公平・公正であります。（二五～二六ページ）

そして、最後の次のような文章を読んで完全に怒りが爆発した。愚弄するにもほどがある。

建築主に対して「権利の主張（蒙る阻害をどうしてくれるのか、との主張がこれに該当する）」をしても、当該主張は、必ずといってよい程に、却下されます。ところが、原告（近隣住民）が「権利の主張」をしないで、それに代わるものとして、「協力依頼」「気安め料の支払」等を要請（共に、お願いの範疇）した場合には、建築主においても、一定の条件を満たす原告（被害者）に対して限り、これを採用する場合があります。（中略）要するに、「権利の主張」と「お願い（協力要請）」とを取り違えれば、成る話も成らなくなる、という話であります。（三一ページ）

行政をも脅す明和地所

次に、二つ目の柱となる「地方自治体の原点」についての項では、「地方自治体は『陳情行政』ではなく、『法律順守行政』に徹すべきである」（三二ページ）と、まず行政を牽制してくる。つまり、明和が言わんとしていることは、順守すべき法律は「建築基準法」ということである。

> 建築主から公表された計画建物は①関係法規に抵触しない②『事前協議』にパスした（する）との計画内容であるために地方自治体においても、原告（近隣住民）からの計画建物の変更を伴う請求に対してはこれを却下すべき責務があります。（三四ページ）

行政を巻き込んで住民の訴えをしりぞけ、すべからく住民の言い分は却下すべきであると主張している。そして、以下のようにまるで地方自治体の職員に対するおどしとも取れる文面が並ぶ。

> また、地方自治体担当者が「事前協議」を行う上趣旨を逸脱（濫用）して、以て建築主（土地所有者）の所有権の行使に制限を加える結果をもたらす場合には、当該地方自治体の担当官の行為は許されるものではありません。国家賠償法第一条（国権力行使に基づく損害

の賠償責任、求償権）の対象になります。
地方自治体の行動基準は、具体的には下記となります。
（中略）
＊建築主に対して
a『関係法規を順守せよ』との命令はできます（その責務があります）。
bただし、それ以上（関係法規に規定された以上）の制限は一切課せられません。
＊保護を求めてきた原告（近隣住民）に対して
a計画建物及びその工事（建築主及び施工者。）が関係法規に抵触しない限りにおいては、『阻害を蒙るからとて、当該阻害は法が（も）容認した阻害であるために、被害者において受忍すべき義務がある』との命令はできます（その責務があります。）
○この命令に納得しない原告（近隣住民）に対して地方自治体は、当該請求を却下する（打ち切る）ことでやむを得ません（民事不介入が原則である）。
以上までが地方自治体の責務であって、以上を超える事案に対しては、民事上解決すべき問題であって、地方自治体の介入する余地が（は）ありません。（三四～三五ページ）

要するに、明和地所が近隣説明書で言いたいことは、建築主と近隣住民の問題に地方自治体は介入するところではない、ということである。これを渡された地方自治体の職員、具体的には国立市の市役所の人たちが国家賠償法にひっかかるかもしれないと危惧し、不安にかられることは容易に察しがつく。

そして、続けて、明和地所は建築確認を下ろす東京都の建築指導事務所を念頭に入れて、過去の事例を引きながら近隣説明書に以下のように記している。

窓口機関にすぎない者が形式的事項につき調査し助言指導し得るのは当然であるにしても、更に進んで申請書の内容につき自ら実質的な判断をくだし、その受理を拒絶することは許されない（資格のない者は勝手なことをするな）。当該義務に反して受理を拒絶した行為は国家賠償法第一条にいう公務員の違法行為に当たるものというべきであるから、これにより原告（引用者註・ここは明和地所）が損害を蒙った場合、被告には同条項に基づき、原告の蒙った損害を賠償すべき責任がある。（五六ページ）

私はこれを読み終え、相手がとんでもない会社であり、一体これからどうすればいいのだろうか、どうすれば、これをはね返すことができるかと考え込んでしまった。

説明会すら拒否し続ける明和地所

八月下旬から近隣住民、桐朋学園、そして「考える会」は、明和に対して再三再四説明会の開催を文書で申し入れていた。上原市長も市民からの要望を受け、九月初旬から国立市の指導要綱に基づいて説明会の開催要請をはじめた。しかし、明和は、「この計画は公法に適合している」、「説明会を開く必要はない」と一方的に住民との話し合いを拒否し続けた。

われわれは、活路を見いだすために考えられるあらゆる方策を検討していった。桐朋学園では、明和から配られた設計図をもとに専門家が模型づくりを行った。模型によって、大学通りと桐朋学園、そしてマンションの関

明和から配られた設計図をもとにしてつくった模型（写真提供：桐朋学園）

係がぞっとするほど理解できるようになった。もちろん、朝八時からの日影図も作成され、燦々と陽が当たっているグラウンドは、マンションによって冬はほとんど日影になることも明らかになった。

「考える会」は、事務局会議とともに多くの市民へ状況を知らせるための全体会を開催しながら、市議会宛の署名活動、明和地所への説明会開催要求、市議会・委員会の傍聴を行った。また、建築基準法、都市計画法、国立市の景観条例、東京都の紛争予防条例、環境影響評価条例のそれぞれを勉強する場をもち、各地の景観条例の研究に取り組んでいった。メンバーの多くが、連日連夜フル回転の活動を繰り広げた。

答申の一文に微かな明かりを見いだす

国立市の景観条例を準備するためにつくられた景観形成審議会の答申のなかに、次のような一文を見つけた。

「駅周辺や大学通り沿道の建物の高さは、およそ二〇メートル程度の高さで並ぶ大学通りの並木と調和したものとなるよう、とくに留意すべきである」

微かな明かりが見えた一文である。景観条例には高さ規制の条項はなかったが、この答申にある「二〇メートル」という数値を条例のなかに入れることはできないものかと考えた。この景観条例は平成一〇年（一九九八年）四月から施行され、景観審議会も設置されていた。審議会でこの問題を取り上げてもらうよう審議会の委員の方々に働きかけをし、市長にも要請した。

一方、八月からはじめた署名運動は一か月で五万人に達した。これは、国立市はじまって以来の数である。そして、九月二二日、市議会はこの陳情を採択し、市としても具体的に動きはじめた。

市長は文書で、「周辺の建築物や二〇メートルの高さで並ぶイチョウ並木と調和するよう、建物の高さを低くすること」と明和地所を指導したが、明和は「判断基準とすべき内容が不明確であり……基準となるべき具体的高さを明示して頂きたい」と、逆に質問を送り付けてきた。それに対して市長が「貴社において検討されたい」と回答すると、今度は市長が送った指導書と回答書を返還してきた。

一〇月になったとはいえ日中はまだ暑い一三日、突然、明和から近隣住民のポストに説明会開催の案内状が投函された。「質問は期日までに提出すること」、「質問無き場合は（説明会）開催中止の場合もあり」と書かれたうえ、明和が指定した三日間のなかから選んで予約をとり、あの広大な土地の一隅に設けられた現場の「事務所に来い」と言う。これを受けて「近隣住民の会」は、住民に対して個別には対応をせず、会として一致した対応をすることを文書で呼びかけた。

一方、「考える会」の事務局会議でも対応について協議が行われた。その結果、説明会の開催は受け入れることとし、①日時についてはこちら側が出席しやすい日時に合わせてもらうこと、②会場については、多数の出席が可能なように広い会場を用意すること、③出席を希望する国立市民の参加を認めるよう、明和地所に要望することを決めた。ところが、この日の夕方、「近隣住民の会」の代表者の自宅に大きな体躯をした明和の社員が怒鳴り込んできた。

「近隣住民の会の文書配布などの行為は近隣住民に対する圧力である。こちらが指定した日時の説明会に出席しなければ、説明会を拒否したものとみなす」

景観条例も、市の指導も明和にはまったく通用しない。常識的な説明会（近隣説明会）すら開催しない。出口のない暗闇《くらやみ》から、どうしても脱け出せずにいた。

地区計画に活路

一〇月二二日、たまたま東京都の地域計画部長、地区計画担当部長、土地利用計画課長に、「考える会」の水沼善介さん、村上陽一郎さん（二〇〇三年没）、大西さん、大塩英世さんらが面会する場が設定された。大西さんが地図を広げながら「ここに、高さ規制の地区計画を立てたいのですが」と尋ねると、地区計画担当の森下尚治部長からは、「それは、国立市で決定することができます」という思わぬ答えをもらった。国立市役所そして桐朋学園ＯＢの専門家の話によると、地区計画の権限は東京都にあるために時間がかかるということであったが、前年（平成一〇年）一一月の法改正によって、高さ制限については都知事の承認が不要となっていたのである。光が射した！　明和の計画から私たちを守る道はこれしかない。地区計画づくりに猛進する日々がはじまった。

このようなわれわれの動きを知る由もない明和地所が、どういうわけか近隣住民並びに参加を希望する国立市民を対象とした説明会を開催すると伝えてきた。一九九九年（平成一一年）一一月六日、福祉会館大ホールで第一回目の説明会が開催された。

しかし、入り口には「ＰＴＡ入室お断り」の張り紙がされており、明和は桐朋学園のＰＴＡが会場に入ることを拒否した。当然、数十人いたＰＴＡがその場で激しく抗議をした。そして、開始予定時刻から二〇分ほど経ってからようやく入室が認められた。

すぐさま会場内は、「再三の要求にもかかわらず、なぜこの二か月もの間、説明会を開かなかったのか」と迫る住民側に対して、「自分たちが開催している以上、自分たちの流れにそってやる」と言って引かない明和との押し問答となった。そこへ大西さんが、「本日開かれる説明会の趣旨について、東京都の紛争予防条例第四条には何と書いてありますか？」と質問をした。明和の担当者は、誰一人としてその質問に答えることができなかった。一人の社員がようやく当該条項を見つけて、それを読み上げた。

「建築主は、紛争を未然に防止するため、中高層建築物の建築を計画するに当たっては、周辺の生活環境に及ぼす影響に十分配慮するとともに、良好な近隣関係を損なわないよう努めなければならない」

大きな拍手が起こった。すぐに、「拍手をやめてもらえますか」（以下の明和の発言は録音の記録によるもの）と明和の社員が叫んだ。

住民からは、大学通りに面し、教育・福祉施設に囲まれたこの地域にこのような巨大・高層の建物が計画された衝撃の大きさ、これだけの大プロジェクトにもかかわらず市民との対話を一切拒否してきた企業姿勢、挑戦的な近隣説明書と傲慢で非常識な態度、そして、まったく誠意のない対応をきびしく指弾する声が相次いだ。初めのうちは「みなさんを混乱させたとは考えていない」と言い張っていたが、しばらくすると、さすがに部長が「いや、もうみなさんのお話はお聞きしますから」と少しトーンダウンをしてきた。

ようやく、市民の一番の関心事である景観についての議論に入った。しかし、「高さが景観を損ねるとは考えていない」、「景観条例の基準に基づいて計画している」、「高さ五三メートルの計画建物は大学通りのイチョウの並木に十分調和している」などと住民感情を逆なでするような発言を繰り返し、「真剣にこの計画を見直し、大学通りの景観についてともに考えよう」という市民の呼びかけに対しても、時間超過を理由に説明会をさっさと切り上げてしまった。

翌一一月七日、桐朋ＯＢで、都市計画コンサルタントの井上赫郎《かくろう》氏を中心とする専門家の協力を得てできあがったばかりの地区計画の素案を、地権者らが検討した。このとき、明和のマンション計画地の西側に居住する地権者たちは、自分の土地に二〇メートルの高さ規制がかかるのに対して、それだけでは良好な住環境は守れないとして、あえて一〇メートルに下げることを申し出た。

一一月一一日、西側の地権者らの意見を取り入れた地区計画の素案の内容を確認し、直ちに同意を求めて地権者宅を回った。全地権者の八二パーセントの同意署名を得たところで、一一月一五日、国立市に地区計画の要望書とともに素案とその同意書を提出した。東京都の地区計画担当部長と会ってから三週間後のことであった。

一一月二〇日、明和は二回目となる説明会を開催した。この日も、通路に溢れるぐらいの二〇〇人近い人が集まった。このころからマスコミの報道も盛んになり、会場にはテレビ局のカメラも入ってますます市内外の注目を集めるところとなった。

冒頭、明和は前回の説明会での住民の意見、および市の指導を重く受け止めたとして、一八階の予定を一四階に下げ、戸数も一〇〇戸弱減らすという変更案を提示した。しかしこれは、もともと一四階だったものを住民の反対を想定して「一八階」と発表していただけのことである。建築業界では「お定り」の手法である。

「明和地所に申し上げたい。あなたたちにうまい汁を吸わせるために、私たちは環境を守ってきたのではないんですよ。デベロッパーに一体何の権限があって、土足でわれわれの大事な聖域に踏み込んで来るんですか」と、私は怒りをぶつけた。

市民からも「二〇メートル以下にしたものをもってきて、話し合いに応じて欲しい」という意見が相次いだが、明和は、「一四階というのは変えられません。変えません」、「赤字にするわけにはいきません」、「みんな金儲けですよ。事業ですから」という回答に終始した。

国立市、地区計画の公告・縦覧を開始

二回目の説明会の四日後となる一一月二四日、国立市は住民発意の地区計画の素案に一部修正を加えこれを市の地区計画原案とし、公告縦覧を開始した。そして、三日後の一一月二七日に行われた第三回目の説明会には明和地所の社員たちは憔悴しきった顔で現れた。

「状況が一変したいま、社の方針は決まっていない。今日はみなさまのご意見、ご質問をうかがいたい」と、切り出した。すぐさま、専門家から次のような鋭い指摘が飛んだ。

「当初の計画よりすでに一〇メートルも低くし、一〇〇戸も住戸数も減らし、採算面からこれ以上は低くできないということであるが、計画変更しても建物全体の大きさは変わっていないし、経済的不利益もない」

「今回の仕事の進め方には根本的な間違いがある。周辺住民の方に説明するのに、自分の敷地の

建物しか立っていないこの模型で一体何を説明しようとしているのか。普通は、まず周辺の模型をつくり、そこがどのようになっているのか理解してから設計に入るものである」

最後に、地区計画、景観、周辺への配慮など、今日の意見を取り込んだ計画について説明会の開催を申し入れたが、「次回の説明会の設定はできていない」と述べ、建築確認の申請時期についての質問に対しても回答はなかった。しかし明和は、一二月三日、「緊急避難」と称して立川にある東京都の建築指導事務所に建築確認の申請を強行した。

一方、「考える会」は、地区計画を建築基準法と同等の効力をもたせるために、地区計画の条例化を求める署名運動を開始した。と同時に、東京都と建設省へ地区計画の手続きがすでに開始されていることから、駆け込み的な確認申請に対する作業の停止を要請した。そして、立川消防署へは建築確認の同意を与えないこと、また立川警察署へは交通安全への懸念を訴えに行った。そして一二月一七日には、渋谷にある明和地所の本社へも五〇名ほどで抗議文を持参したが、ビルの玄関先で自動ドアを閉じられるという問答無用の面会拒絶の対応を受けた。

翌一八日に開催された第四回目の説明会では、明和の社員は前にも増して高圧的な態度をむき出しにしてきた。あまりの対応の悪さに思わず声を上げた住民に対して恐ろしい顔で退室を迫り、説明会などいつでもやめてやるといったような高飛車な態度をとった。そして、住民の「前回の説明会で私たちが申し上げたことについて一言も答えないで、確認申請後の、この一四階建て三四三戸の計画の説明だけをするんですか?」という質問に対して、「そうです」と挑戦的な顔をし、地区計画に対する怒りを逆にぶつけてくるのであった。明和は、「突然の地区計画ですよ。閉口しました」と言うが、突然、五三メートルもの巨大高層マンション計画をこの地区にもってきたのは明和のほうではないか。また、明和は「人の財産を侵害した」、「地権者である自分たちに話がなかった」とも言うが、明和は計画段階でわれわれに相談をしたとでも言うのか。さらに地区計画については、明和自身の「近隣説明書―2」において、「良好な住環境を確保することが必要であると認められる場合にあっては、地区計画制度が用意されているところであるので、これらの積極的な活用を検討すべきこと」（四二ページ）とわざわざ字を赤に変え、アンダーラインまで引いて明示していたのである。

初めから話し合いによる解決の道を閉ざしたまま公法にしか従わないという明和から、われわれを守るものは、地区計画しかなかったのだ。

東京都、異例の速さで確認を下ろす

二〇〇〇年（平成一二年）の一月五日、東京都は異例の速さで建築確認を下ろした。あれほどボリュームのある建物である。申請からたった三二日、年末年始の休みを除くと実質的には一七日しかないのになぜ確認が下りたのか。早速、建築指導事務所に抗議に出向いたわれわれは、建築主事からとんでもない話を聞かされた。
「明和地所から、二一日以内に審査しなければ、国家賠償法に基づき、主事個人に損害賠償を請求する用意がある旨の上申書を突きつけられ、また事務所の廊下には明和地所の社員、弁護士、三井建設の設計担当者が張り付き、不備を指摘すると直ちに修正するという態勢で臨んできた」

これ以外にも、国会議員からの強い圧力があったことを認めた。それにしても、建築確認を下ろす主事に向かって、「遅れたら罰金だ」と脅すということは常識では考えられないことだ。このような言い方は、この会社独特のものなのか、それともこの業界の体質なのだろうか。普通の常識のある人間には考えもつかないことである。ちなみに、明和地所の弁護士である関哲夫氏（二〇〇七年没）は

１月５日、工事に着手した明和の工事事務所での抗議（写真提供：桐朋学園）

建築基準法の権威で、しかも元東京都の法務部長だったという。もっとも、このことをわれわれはあとで知ったのだが。

明和の工事着手に対して抗議するビラ配布を、一月五日から二〇日まで連日連夜駅頭で行った。また、ビラを配布する一方で、市長に対しては都市計画審議会の早期開催、都市計画審議会の各委員には地区計画決定の要請活動を行った。

一二月に開始した地区計画の条例化と臨時市議会開催を求めた署名は、一橋大学の同窓会である「如水会」や桐朋学園のＰＴＡの大きな協力を得たおかげで一月一九日段階で約六万九〇〇〇名分が集まり、それを市長に提出した。

太田副代表から署名69,000名分を市長（左）に提出（写真提供：桐朋学園）

感動の地区計画決定

一月二一日夜、廊下まであふれ出た傍聴者を前に都市計画審議会が開催された。ところが、一三名の委員で組織されている審議会に七名しか集まっていない。一瞬、審議会の開催そのものが危ぶまれたが、やや遅れてもう一名が駆けつけた。中間政会長が「ただいま出席委員数は八名であります。定足数に達しております。本議題は市民および地区関係の方々の関心も高く重要案件とも思いますが、本日の出席議員だけで審議をすることに異議はございませんか」と切り出され、一同から「異議なし」の力強い答えで会が成立した。ほっとした瞬間である。そして、そのまま審議に入った。

池田智恵子委員――この地区計画は、市民の皆様自ら、環境を守るためにと協議して作られたもので、国立のまちづくりのモデルとして理想に近い素晴らしいものでありますと共に、住民相互に呼びかけて同意をまとめられた行動力に、頭の下がる思いで受け止めています。明和地所の意見書を読み返し全体を通して感じますのは、この地区計画が「当社の計画を阻止し、損害を与えることを目的としている」と繰り返し述べられておられることで、大変残念なことです。市民の皆様が、事業者に対し、元から敵意を持っていた訳などありません。この街に新しい住民の住まいを築こうとする事業者の方々が、国立を愛す住民の思いに近づこうとせず、企業としての被害者意識で対抗する姿勢では話し合いは成り立ちません。

生方裕一委員――今回の地区計画は市が、自分達の暮らしている地域のまちづくりは自分達で決めていきたいという願いを持つ住民と共同して作り上げたものと高く評価し、賛成いたします。

こうして、住民発意による地区計画は決定された。市民のために職責を果たしてくださった中間会長の英断に感謝するとともに、欠席した五人の委員が自民党の市議会議員、都議会議員、そして立川消防署長であったことを私は忘れることができない。

お読みいただいておわかりのように、地区計画の準備・決定の過程はこの運動でもっともスリリングな場面だった。メンバーが東京都で情報を得、その方策を小人数で練る。もちろん、絶対明和に漏れないようみんなには緘口令をしいた。そして、桐朋学園の理事室で素案づくりを進め、明和に知れないように手分けして賛同署名をもらいに回り、市に要望した。そして、市は公表をした。都市計画審議会を通すのは厳しかった。まず、会長にわれわれの思いを訴え、次に委員を訪ねた。公明党の委員がキャスチングボートを握っていたので党の幹部にまでお願いに行った。しかし、自民党の関係者はどうにもならなかった。都市計画審議会当日、公明党の委員は遅れてやって来たのでハラハラしたが、夜中に決定。二〇〇人の傍聴者は、電気も消され、誘導灯のみの暗い市役所のロビーで泣いた。自分たちの町を自分たちで守った感動の瞬間であった。

そして、一〇日後の一月三一日、運命の臨時市議会が開催された。この日に至る、日程調整のかけ引きも息詰まるものがある。そのプロセスを、裁判記録（自民党損害賠償請求事件［通称、いやがらせ裁判］、被告側六月一三日、六月一六日付答弁書）から再現してみよう。

一月一九日　上原市長に市民団体から「地区計画の早期条例化を求める要望」が署名を添えて提出される。すでに提出済のものを合わせると、六万八九二八名となった。市民団体からの要望書提出を受けて、同日、市長は正副議長に対して「地区計画」を都市計画決定後に現行建築条例に加えるため、臨時市議会の開催を一月二八日に希望している旨を伝えた。そのとき議長は、「オレは席に座らないからな」という発言をした。

一月二四日　二一日に決定された地区計画が告示されたあと、上原市長は関議長に改めて臨時議会開催を一月二八日にと要請した。

一月二七日　会派代表者会議の席上、上原市長は臨時市議会の開催を求める三つの理由として、①市民団体から「地区計画の早期条例化を求める」要望書を、現在七万人を超す署名とともに受けたこと、②二一日に開催した都市計画審議会で地区計画が決定したこと、③三月の第一回定例議会にかけるのでは条例制定が二か月後となること、を挙げた。

一月二八日　調整を重ねたが、最後に公明党が一週間の日程が欲しいという意見を出す。自民党は相変わらず反対で、残り会派（一三名）は「急を要するか否かの判断は、招集権者の市長にある」との意見で一月三一日の開催を了承した。議長は、野党との日程調整を経ないで市長が招集するのであれば、三一日の臨時議会は私が開きませんという旨を強調した。その後、市長は理事者会議や緊急庁議を開いて臨時市議会を一月三一日に開催することを決定し、告示した。議長にもその旨を伝え、協力要請を行った。

一月三一日　九時三〇分にはすべての議員が議会招集に応じていた。一〇時には傍聴席が二〇〇名を超える市民であふれ、議会ロビーも満員の状況となっていた。

しかし、当日の臨時市議会の開催をめぐっては、九時三〇分過ぎから何度も調整が行われた。そして、一三時からの正副議長と市長の会談では、市長は、あらかじめ議会に要請をして説明を繰り返してきた経過や、すでに告示に応じて全員が応招していること、また本会議場の傍聴席がすでに市民で満員であることなどを勘案してみると、いまから日程を改める必要性は認められない。まして、三月の定例会において審議すれば二か月先延ばしとなるとの判断により、本日の審議に応じてほしい旨を伝えた。しかし、正副議長は、「開かせないとは言っていない。急施は認める。手続きは縮めてもよい。せめて、三日ごろにできないか」と、本日の開催でなく日程を変えるよう迫った。市長は、開催できない理由はないという判断を示し、話し合いは平行線をたどった。

その後、一三名の議員が集まって全員で今後の対策について協議し、一五時には議長宛に、地方自治法一一四条に基づき「臨時議会の開催を求める請求書」を提出して、議長へ開会要請をした。しかし、議長は開会要請に応じず、日程を変更することに固執した。

一六時三〇分が過ぎた。一七時を過ぎると議会は自然流会となり、再開するためには市長の告示などすべての手続きをやり直さなければならないことから、与党幹事長が正副議長に対して「開きますので議場に入ってください」と通告した。そして、一六時五〇分過ぎには一三名の議員、市長以下の当局が議場に入り、臨時議長が議長席に就いて開会宣言し、時間延長を決定した（朝一〇時前から七時間近くも待たされて、時間切れ寸前でやきもきしていた傍聴者からは思わず拍手が起こった）。

休憩をとったのち、正副議長、各野党会派に再度出席の要請を行ったが、いずれも出席を拒否した。そして、一七時五〇分に臨時議長が改めて開会し、仮議長を選出して議事を進行した。

佐藤節子議員――この議案に対して、賛成の立場で討論いたします。本当に市民からの発意で、このまちの景観が守られる、そして住環境を守ろう、教育環境を守ろう、こういう思いが形になってあらわれたのが今回の地区計画ではないかと思います。市民一人ひとりが、自分たちが自分の住むまちをつくっていく、こういうことを責任をもって考えていかなければいけない時代だと、本当にそのように思います。自分たちのまちのことを、誰かが決めるのではなく、自分たち自身が決めていく、こういうことが現実に起ころうとしています。そして、議会というものは、本来、市民の人たちそれぞれの思いを受けとめ、さまざまな意見をもとに、議論をし、物事を決定する場のはずです。市長から提案された案件をチェックする機能をもつ、そのような役目をしているはずです。今回のことは、本当に残念なことだと思います。議会が市民の声を受けとめ切れない状態、こういう状態があっていいはずはありません。私たちは、市民の声から生まれ出たこの地区計画が成立することに感動を覚えますし、市民の方々に対して、本当に深く敬意を表します。これからのまちづくりは、市民一人ひとりが責任をもって見守っていく、決めていく、そういう時代に入ったのだと実感いたします。今回、残念ながら、出席されていらっしゃらない議員の方々にも呼びかけながら、また、新しい議会の時代をつくっていきたいと思っております。第一号議案、賛成をいたします。

全員賛成で条例案は可決された。傍聴席からは歓声と拍手の嵐が起こった。私は大勢の人と握手をし、喜びを分かち合った。翌二月一日に条例は施行され、この地区計画は、都市計画法上の効力に加えて建築基準法上の効力ももつことになった。

マンション計画が市民に広く知られるようになった一九九九年(平成一一年)七月から二〇〇〇年の一月末までの第一段階は、まさしく住民の、市、議会、明和との白熱した闘いであった。ここで、簡単にこの半年間を振り返っておこう。

九月二二日　市議会は「建築見直しを求める陳情」（署名五万筆）を採択。

一一月一五日　住民は、地区計画の要望書に素案と同意署名を添えて市に提出。同月二四日、市は地区計画の原案を公告縦覧する。

一二月三日　明和は、緊急避難と称して駆け込みで建築確認申請を東京都建築指導事務所に出す。東京都は、異例の速さで年明けの一月五日に確認を下ろす。明和は、即日即刻、土工事をはじめる。

一月二四日　地区計画の都市計画決定を受けて、住民は建築禁止の仮処分の申し立てを東京地裁八王子支部にする。

一月三一日　臨時市議会において建築条例可決。翌二月一日施行。

これが世間で言われる「後出しジャンケン説[6]」の真相である。市の地区計画の公告縦覧を見て、駆け込みで確認申請をした明和こそが後出しだと思うのだが、いかがだろうか。

（6）明和地所のほうが先に建築確認を得て、建築条例はそのあとに成立したとの意味で使われる俗説。

裁判がはじまる

このあと、われわれは六年間にわたって裁判を闘うことになる。主な争点は、①住民の景観権（景観利益）の確立、②景観を守る（マンション建設を阻止）ための地区計画・建築条例の適法性、③建築基準法三条二項の解釈、④明和地所の企業姿勢、⑤国立市の明和地所に対する対応、であった。読者の方々が、以下の記述を読まれるにあたってより理解ができるようにと思い、あらかじめ裁判の流れを一覧表（一一八〜一一九ページ）にしたので参照していただきたい。

われわれは、一月二四日、建築禁止の仮処分の申し立てを東京地裁八王子支部に行った。仮処分裁判では、条例が施行される二月一日の三週間前に明和は建築確認を受け、土工事に着手していたが、その明和地所の計画建物に対して、国立市の二〇メートルの高さ規制の建築条例が適用されるか否かが最大の争点となった。従前の行政庁の解釈では、土工事に着手さえしていれば、新条例に抵触していたとしても条例の規制を受けることはないとなっていた。しかし、建築基準法三条二項は以下のような文面になっている。

「この法律又は条例の施行の際、現に存する建築物又は現に建築工事中の建築物がこれらの規定に適合せず、又はこれらの規定に適合しない部分を有する場合においては、当該建築物又は建築

物の部分に対しては、当該規定は、適用しない」（要約）

この条文をどう読んでも、行政庁の解釈のように、土工事に着手してさえいれば新条例の規制を受けることはない、とはならないはずである。なぜならば、まだ規定の適用を云々する建築物そのものが土工事段階では存在しないからである。

そして、一か月後の二月二四日、今度は明和地所が国立市を相手取り、そして三月九日には国立市長を相手取って、地区計画は建築阻止を目的にしており裁量権の乱用であるとして、「地区計画、建築条例の無効・取消」を求めて東京地裁に行政裁判を起こした（一年後には、四億円の損害賠償請求を追加している）。

続いて三月三一日には、一月三一日に開催された臨時市議会をめぐって、議会をボイコットした自民党の七名の議員が臨時市議会に出席した議員一三名と上原市長を相手取って、「不在中に強行採択され、審議権を侵害され、精神的損害を被った」として八王子地裁に損害賠償裁判を起こした。本来議会の場で解決できたはずの、またそうしなければならなかった問題を裁判の場にもち込んだこの訴えに対し、自民党の「いやがらせ裁判」と言って巷では風評された。明和と平行して自民党の議員が行動を起こしているのが見えてくるようだ、と思ったのは私だけだろうか。

そして、大学通りのサクラが満開となった四月、建築現場ではいよいよ基礎躯体工事がはじまり、少し遅れて耳をつんざかんばかりの杭打ちの音が響きわたってくるようになった。

平成14年（2002年）	12月18日	東京地裁、明和地所の建物は「景観利益」を不法に侵害し、大学通りに面する東棟の20メートルを超える部分の撤去を命ずる。
	12月25日	明和地所、控訴。（住民側12月27日控訴）
平成16年（2004年）	10月27日	東京高裁、一審判決の「景観利益」を否定したうえ、撤去命令も取り消す。
	11月8日	住民側、上告・上告受理申立て。
平成18年（2006年）	3月30日	最高裁、上告は棄却。「景観利益」は認めたものの、建物は「景観利益」を違法に侵害するものではないとして撤去は認めず。

住民の東京都相手の行政裁判

平成13年（2001年）	5月31日	住民側、東京地裁へ東京都を相手取り建物の違法部分の除去命令請求の行政裁判を起こす。
	12月4日	東京地裁、東京都が違法建物に除去命令を出さないのは不作為の違法であると判決。
	12月14日	東京都、控訴。（住民側12月18日控訴）
平成14年（2002年）	6月7日	東京高裁、建物は適法であると判決。
	6月20日	住民側、上告・上告受理申立て。
平成17年（2005年）	6月23日	最高裁、上告棄却・上告受理申立て不受理の決定。

明和地所の国立市・市長相手の行政裁判

平成12年（2000年）	2月24日	明和地所、東京地裁へ国立市を相手取り地区計画・建築条例の無効・取り消しの行政裁判を起こす。（3月9日、国立市長を相手方とした裁判を追加）
平成13年（2001年）	4月25日	明和地所、4億円の損害賠償を追加請求。
平成14年（2002年）	2月14日	東京地裁、地区計画・建築条例の無効・取り消しは却下するも、国立市に対し建物が既存不適格になったことによる損害3億5000万円、国立市・市長による信用毀損による損害5000万円合計4億円の損害賠償を命ずる。
	2月27日	国立市・市長、控訴。
平成17年（2005年）	12月19日	東京高裁、地区計画・建築条例は適法であり一審判決の損害賠償額4億円のうち3億5000万円はゼロ、5000万円は2500万円に減額の判決。
平成18年（2006年）	1月4日	補助参加人5人が2500万円の損害賠償を不当として上告・上告受理申立て。

表　三つの裁判の流れ

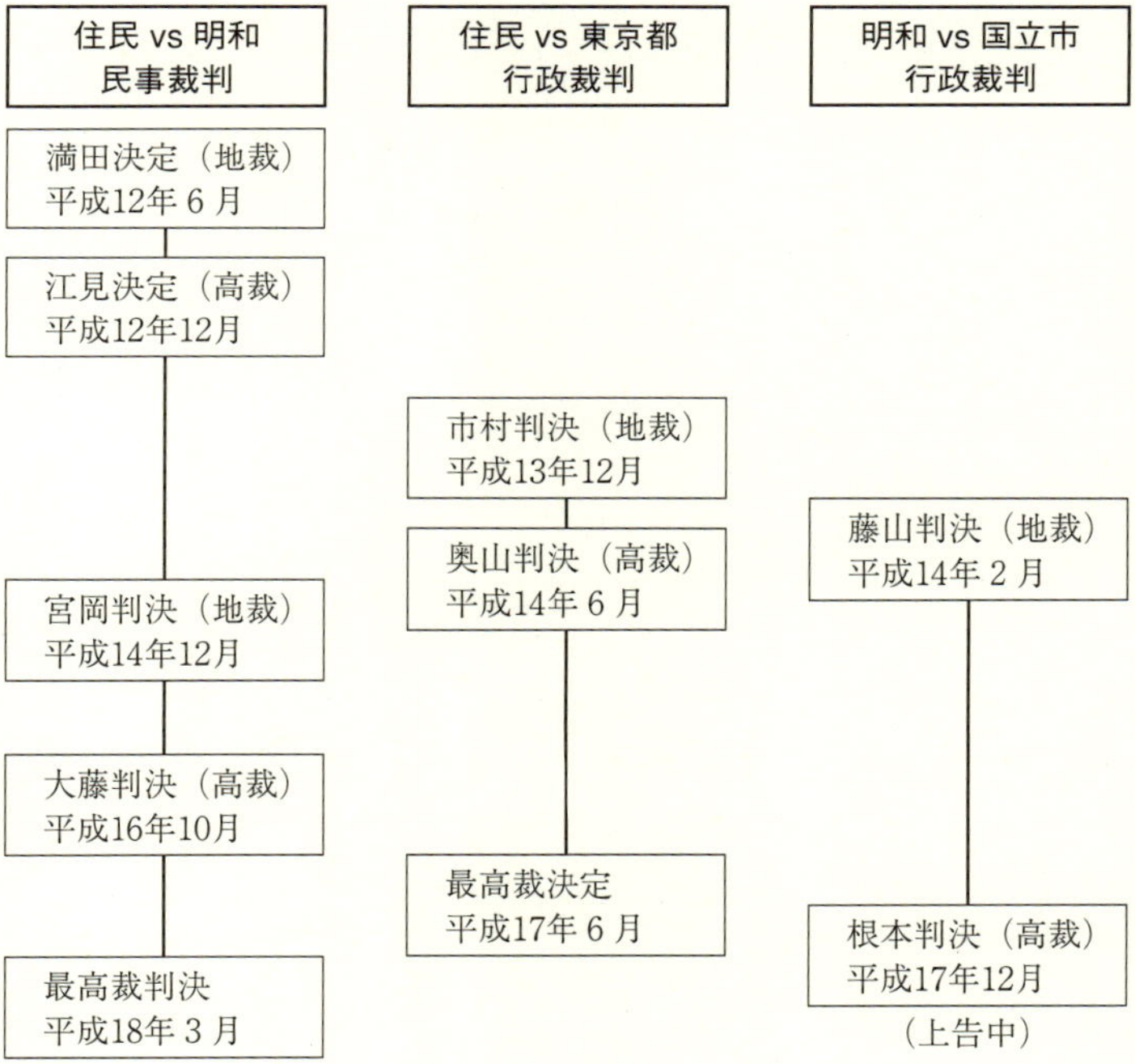

住民の明和地所相手の民事裁判

平成12年（2000年）	１月24日	住民側、東京地裁八王子支部へ明和地所を相手取り建築禁止仮処分申立て。
	６月６日	東京地裁八王子支部、仮処分申立て却下。
	６月19日	住民側、東京高裁へ抗告。
	12月22日	東京高裁、申立ては棄却。しかし建物は20メートルを超える部分は国立市の建築条例上違法と認定。
平成13年（2001年）	３月29日	住民側、東京地裁へ明和地所を相手取り建物の違法部分の撤去請求の民事裁判を起こす。

納得できない仮処分決定――景観で闘いたい！

六月六日、午後五時、満田明彦裁判長の仮処分の決定が出された。結果は「却下」であった。決定文を読んで驚いたのは、明和地所に有利な事実誤認の認定が数多くあったことだ。近隣住民たちへの日照阻害、天空狭窄《きょうさく》、交通障害、ビル風、財産権の侵害については、すべて「軽微、重大視するものではない」と切り捨て、北側に隣接する桐朋学園に対しては「日照被害を受けるのは校庭であり、軽微」と、これも切り捨てた。また、建築基準法三条二項の解釈については以下のような内容であった。

「建築主は建築確認を受け、現実に土地上で何らかの建築工事を開始するまでには相当の費用や時間を費やしているのでこのような既得権は保護する必要がある。本件では土工事をしており、『現に建築工事中の建築物』が存することになるから本件条例は適用除外となる」（決定七四～七七ページ）

土地を掘削しただけでどうして建築物が存することになるのか、私たちにはまったく理解できなかった。もちろん、このまま引き下がるわけにはいかない。六月一九日、当然のように東京高裁へ即時抗告した。

「考える会」では、高裁へ向けて、景観を中心に闘うべきであるとした意見が強まっていた。しかし、弁護団は景観で闘うことに非常に消極的であった。つまり、景観では勝てないと言うのである。それでもわれわれは景観で闘いたかった。大学通りの景観を守るために「考える会」に結集したのである。そういう市民の気持ちを理解してくれたのが桐朋学園の大西理事であった。

大西さんは、国立の歴史を丹念に調べるなかで「一種住専運動」（八三ページ参照）を見つけ、「国立の人は、自己犠牲を払ってまで景観を守ってきたのですね。意識の高さ、意志の強さには驚きます」と敬意を表してくれたことがとても嬉しかった。わざわざ国会図書館にまで足を運び、香川大学法学会が発行している紀要である『香川法学』に掲載されている中山充教授の「環境権―環境の共同利用権」という論文を読み、それを陳述書の景観権の理論的根拠としてくれた。また、陳述書の作成にあたっては、私の友人である若菜允子《まさこ》弁護士を紹介して、文書指導まで受けてもらった。その際、若菜さんからは「あなた方は、橋のないところに橋を架けるような仕事をしているのですよ」と励まされた。

大西さんは、一橋大学の恩師で元学長の蓼沼謙一先生（労働法）の指導も受け、のちの宮岡判決（一六六ページ参照）につながっていく、「大学通りの景観を守るために、それを壊すような建物は建てない、という地域慣習とでもいうべき法的確信が国立の七五年の歴史の中で徐々に形成されてきた」という先生のお考えを陳述書の基本に据えた。「このときの、両先生のご指導がなければ裁判の中心が景観には向かわなかったのではないか」と、大西さんは振り返る。

江見裁判長

東京高裁の審尋《しんじん》も、八王子地裁と同じくラウンドテーブルで行われた。裁判長と双方の弁護士が同一のテーブルに着いて、意見を述べ合うわけである。私は、江見弘武裁判長のテンポの速い明確なやり取りを間近で聞きながら、これが本来の裁判の雰囲気なのだろうと感じた。このやり取りは馴染みにくい裁判のなかでも素人の私たちによく理解できたからここで再現する（以下の記述は、こちら側の速記に基づく）。

まず、第一場面で高さ規制の建築条例の制定について議論される。

明和地所が、「本件土地取得の段階では、高さ制限条例がつくられるとは思ってもみませんでした。ゆえに、今回の条例はきわめて甚だしく不当であると思います。ですから、条例自体が無効であると考えます」と主張すると、裁判長は、「条例もきっかけがなければつくることはないのではないですか。市の指導に法的効力がないというから条例をつくったということではないのですか」と答えられた。

次の第二場面では、明和地所は仮処分を申し立てた八王子地裁の段階から、なぜか土地の売買価格を明らかにすることを拒み続けていた。

こちら側の弁護士が、「土地をいくらで買って、二〇メートル以下で建築すると総額いくらになるということが提示されないかぎり損害とは言えないのではないでしょうか」と主張すると、明和地所側は、「この仮処分裁判は損害賠償請求ではないのに、なぜ土地買収金額まで出さなければならないのか」と、提示の必要はないという態度を貫き通そうとした。すると裁判長は、「経済行為をするのだから数字が出ているでしょう。裁判所の提出要求に対して出せないということならそれでもいいですが、では仮に、東京海上から土地をタダでもらったとしたら損害はないということになりますね」と明和をうながされた。

これにはさすがの明和も慌てたのか、高裁の審尋を終える間際にようやく提示してきた。業界では、あの土地の相場は六〇億とも七〇億とも言われていたが、なんと九〇億二〇〇〇万円という破格の高値で購入していたことがこのときに初めて明らかにされたのである。

最後の建築基準法三条二項の解釈については、着工の時点はどこかということについてていねいな意見交換が行われた。

こちら側の弁護士が明和地所の関哲夫弁護士を見ながら、「条例施行時に着工と言い得るためには、土工事だけではなく、基礎を含む工事が必要であるという関哲夫先生のご著書『建築基準法体系』のご説の通り主張致します」と言うと、関弁護士は、「建設省では半年前、一般的には根切り工事・杭工事のいずれかをもって着工というふうにしておりますと国会で答弁しておられます」と、自説を曲げて主張した。すると裁判長は、「問題が起きたら、建築基準法をもとに裁判所が判断するのであって、建設省が判断することではありません」と、ピシッと筋を通される。関弁護士は論点のすりかえを図ろうとしたが、裁判長が「三百代言みたいなことを言わず、もっとましな議論をするように」と注意された。

一〇月三日、第四回の審尋で次回の期日を決める際、こちら側は明和地所の建築工事が近々高さ二〇メートルに達しようとしていることを理由に一日も早い期日を希望した。しかし、裁判長は、双方を前にして、「仮に違法建築ということになれば撤去しなければならないことにもなりうることはご承知のうえで工事をなさっているのでしょうから、早い期日

20メートルを超えた明和マンションと高圧線（写真提供：桐朋学園）

を入れる必要はありません」と言い切られた。

このような、小気味のいい江見裁判長の審尋であった。ちょうどそのころ、川合智子さんを中心とする桐朋学園のPTAによって、これだけの大規模な建物が建つことによる危険や実害について調べられていた。その内容は、明和の敷地内には東西に横切る三本の六・六万ボルトの高圧線が通っているが、万が一火災が起きた場合、消火活動に支障はないのか、また安全性は確保できるのかなどが問題点として挙げられた。

PTAからの指摘を受け、立川警察署からは「周囲の安全を考えるよう指導したい」、立川消防署からは「大学通りに面した棟は、はしご車は設置できない。南側の出入口からもあの計画図では敷地内に進入できず、はしご車が設置できない箇所も見受けられる」、また東京電力からは、「強風時には高圧線が横に大きく揺れ、危険区域は最大でバルコニーに八〇センチまで迫る。消火活動は非常に困難で危険をともなう」という回答があった。

第五回審尋――仮処分の高裁決定「建物は違法」

一〇月二七日、第五回目の審尋《しんじん》で「審尋調書」が作成された。明和地所は平然と、「建築制限条例の施行当時『現に建築工事中の建築物』が存在すると認められない場合、建築確認を得ていたとしても絶対高さ二〇メートルを超える部分については建築基準法に違反し、右部分を建築することができないことは争わない」と述べ、その旨を調書に記載するようわざわざ要望した。

クリスマス直前の二〇〇〇年（平成一二年）一二月二二日、高裁の決定が出た。決定では、建築禁止の申し立ては棄却されたが建築条例は有効であり、マンションは高さの点において条例違反の「違法建築」と判断された。決定では、条例制定については以下のように記述されていた。

「条例制定の手続きの当否は、政治的な問題であり、裁判所が判断を控えるべきもの、制定手続きの故に条例が無効とされることはない。右条例は、相手方明和地所の建築計画に対して狙い撃ち的に制定されたとしても、それ故に無効となることはない」（決定九〜一〇ページ）

そして、建築基準法三条二項の解釈を以下のようにしている。

「『現に建築の工事中』であるといい得るためには、計画された建築物の基礎又はこれを支える杭等の人工の構造物を設置する工事が開始され、外部から認識できる程度に継続して実施されていることを要する」（決定一三〜一四ページ）とし、「（明和の）実施していた作業の段階は、『現に建築の工事中』であったと認めることはできず、本件マンションは、高さの点において本件建築制限条例に違反している」（決定一五ページ）

しかし、景観に対する権利に関しては次のように記述された。

「環境権を権利として認知すべき旨が提唱されて約三〇年になるが、爾来、それを私法上の権利として認知し、司法裁判所により保護されることを可能にする立法は、制定されていない」（決定五ページ）とし、「景観に対する住民の利益は、それのみでは法律上、本件マンションの建築を差し止める根拠とはなりえない」（決定七ページ）

われわれにとっては実質的な勝訴であった。この決定により、明和地所の建物は二〇メートルを超える部分は違法となり、建築することができなくなった。この決定がその後も続く運動と裁判の礎となった。

司法の決定を無視する東京都行政

われわれは、決定文を持って、喜び勇んで東京都多摩西部建築指導事務所に飛んでいった。クリスマスの一二月二五日のことである。ところが、所長の庄司静夫氏からはまったく予想もしない答えが返ってきた。

「それは、一裁判官の判断です。行政は別の解釈をしています。あの計画は適法です。高裁決定は民民《みんみん》（住民と明和）の争いのなかで出されたもので行政は拘束されません。行政が当事者になり敗ければそれに従います」

われわれは呆気にとられた。司法の判断を「一裁判官の判断」と言ってのける行政のこの傲慢さ、民事の裁判には縛られないというこの感覚。これまでお役所は市民の味方だと思っていた私は、何と甘っちょろい幻想をもっていたのだろうかと、実態をあまりにも知らなさすぎたわが身が情けなくなった。

「違法建築物と判断されれば、建てられないことは争わない」と記載された審尋《しんじん》調書も見せたが、まったく取り合ってくれない。「建築確認を下ろして一旦工事がはじまったら、途中でこれを止めさせることはできない」と所長から何度聞かされても納得ができます、無力感に襲われた。ふと見ると、所長の日程表には「明和地所」と書いてあった。やっぱりそうかと、大企業優先で、われわれの訴えなど初めから眼中にないのだということがよくわかった。そして、当の明和地所も自分たちは行政の判断に従うと言うのである。

これらの経緯をふまえてわれわれは、違法建築物の工事を止めない明和地所に対して直接除去命令が出せる東京都知事に、「取り壊し命令」を出すことを求める大署名運動を展開することにした。

また一方で、「建物が違法」との江見決定を持って二回目となる銀行行脚も行った。このときは、明和の取引銀行（東京三菱銀行、富士銀行、第一勧業銀行、さくら銀行）だけでなく、三和銀行、住宅金融公庫にも行った。金融公庫の望月薫雄総裁は、「東京都が適法としているので悩ましいですね」とおっしゃられた。これらの行動とは別に、一〇〇人近い証券会社の不動産担当のアナリスト宛に、「明和地所現経営陣の違法建築続行に対する注視のお願い」という文書を「江見決定」とともに送った。

これだけでは気持ちの収まらない私は、やむにやまれぬ思いで、朝日新聞の「論壇」に「行政は司法の判断を尊重せよ」の一文を投稿した。二〇〇一年（平成一三年）一月二七日に掲載された記事より抜粋して紹介したい。

昨年一二月二二日、東京高裁の決定が出された。その決定では、景観、日照権、プライバシーなどの点では住民側の主張が認められず、敗訴となったものの、決定理由の中で東京高裁は「高さ二〇メートルを超える範囲において、建築基準法に適合しない建物に当たる」という画期的な判断を下した。この決定を受けて、住民側は、建築確認を出した東京都多摩西部建築指導事務所に対し、違法建築物に対する措置を定めた建築基準法第九条に基づき、ただちに違法部分の取り壊し命令を出すよう申し入れた。ところが、同事務所は住民側の要望に応じようとしない。せっかく裁判所の画期的な判断が出たのに、「前例がないから」という自己防衛的な行政や、企業の金力にまかせての行動が許されてよいのだろうか。折しも司法制度改革審議会では、行政に対する司法のチェック機能の充実が論議されている。国立市の例は、ひとつの住民運動にとどまらず、行政の独善を正す先駆的な意味をもっている。二一世紀こそは、法治国家にふさわしく良識が通る世の中になるよう訴えたい。

論壇

行政は司法の判断を尊重せよ

石原《いしはら》 一子《いちこ》 元高島屋常務（東京都在住）

東京都国立《くにたち》市にあるJR国立駅から南に延びる通称「大学通り」沿いの損保会社跡地で、都内の不動産業者が高さ四十四㍍、十四階建ての巨大高層マンションを建設している。ここは、かつて作家の山口瞳氏が「日本一美しい大通り」と評した文教都市・国立のシンボルともいうべき場所だ。建設地周辺は、市の都市景観形成条例の中で「景観保全重点地区候補地」にも指定され、教育や福祉の施設が集中している。

このマンション建設に反対してきた住民側の発意で、国立市は、建設地周辺の建物の高さを最高二十㍍に制限する建築物制限条例を昨年二月一日に施行した。しかし業者は条例施行後も工事を続行し、すでに四十㍍近くまで建ちあがっている。

住民側は、二十㍍を超える部分の撤去を求める仮処分を申し立て、昨年十二月二十二日、東京高裁の決定が出された。その決定では、景観、日照権、プライバシーなどの点では住民側の主張が認められず、敗訴となったものの、決定理由の中で東京高裁は「高さ二十㍍を超える範囲において、建築基準法に適合しない建物に当たる」という画期的な判断を下した。

しかし、業者は建設工事を止める気配すら見せず、行政も動こうとしない。

住民運動にかかわった者の一人として、次のような問題を提起したい。単なる一地域のマンション紛争にとどまらず、美しい日本を後世に残すため、幾つもの課題を突きつけていると思うからである。それは①「景観」の権利性②企業の社会的モラル③自治体のまちづくりと整合しない建築基準法④法治国家の基礎を揺るがし、司法の判断さえ無視する行政の独善性、などの問題である。

この裁判の最大の争点は、国立市の建築物制限条例がこのマンションに適用されるか否かだった。建築基準法第三条二項では、条例などの施行のさい、現に建築工事中の建築物には適用されない、となっている。このため、マンションが「現に建築工事中の建築物」に当たるかどうか、裁判所の判断が注目された。

業者側の主張は、条例施行時に、地盤の土を掘る「根切り工事」に着手し、その工事を継続していれば、新条例の適用除外となる、というものだった。なお、行政からの建築確認の取得と、業者側が主張する工事着手は、いずれも昨年一月五日。条例の施行日は、前述のように昨年二月一日である。

東京高裁の決定理由の中では、「現に建築工事中の建築物」と言えるには「敷地において、地中であれ、地上であれ、計画された建築物の基礎又はこれを支える杭《くい》等の人工の構造物を設置することが開始され、外部から認識できる程度に継続して実施されていることを要する」と解釈された。つまり、この建物には国立市の建築物制限条例が適用され、二十㍍を超える部分は同条例に違反し、建築基準法に適合しない、という判断である。

この決定を受けて、住民側は、建築確認を出した東京都多摩西部建築指導事務所に対し、違法建築物に対する措置を定めた建築基準法第九条に基づき、ただちに違法部分の取り壊し命令を出すよう申し入れた。

ところが、同事務所は①民事訴訟法第一一四条により、東京高裁の決定の主文には拘束されるが、決定理由には法的拘束力はない（決定主文は住民側敗訴）②この裁判は、業者と住民の争いであって東京都は当事者ではない、などの理由から、住民側の要望に応じようとしない。

せっかく裁判所の画期的な判断が出たのに、「前例がないから」という自己防衛的な行政や、企業の金力にまかせての行動が許されてよいのだろうか。

折しも司法制度改革審議会では、行政に対する司法のチェック機能の充実が論議されている。国立市の例は、ひとつの住民運動にとどまらず、行政の独善を正す先駆的な意味をもっている。二十一世紀こそは、法治国家にふさわしく良識が通る世の中になるよう訴えたい。

＝投稿

「論壇」朝日新聞（2001年1月27日）

石原慎太郎都知事への一一万人署名

工事を止めるのはいましかない。二〇〇一年（平成一三年）の元旦からはじめた署名活動は、マスコミの報道もあって全国的に広がっていった。一〇万を超える署名であればわれわれの思いを都知事が受け止めてくれるかも知れないと思い、みんな必死になって集めた。夜の街頭での署名活動は、震えるほど寒い日もあったが、手袋をはずしてていねいに署名をしてくださる方々、励ましの言葉をかけてくださる方々に心が温まった。

また、「考える会」のメンバーは「ローラー作戦」と称して、国立市の地図に線を引き、割り当てられた地域の一軒一軒を訪ね、署名をいただくために手分けをして回った。みなさん、温かい言葉とともに快く署名をしてくださった。そして、何といっても桐朋学園の署名活動はすごかった。一人で一〇〇〇人分、三〇〇〇人分を集めた人もいた。子どもたちのために、親はここまで頑張れるものかと恐れ入った次第である。

三月二六日、みんなの思いが込められた大切な一一万人の署名とともに、以下に掲載する文書を添えて都知事に届けた。しかし、石原都知事は会ってもくれなかった。

訴　え

高裁決定を行政が無視する、という信じられない理不尽が石原都政の下で、現在、まかり通っています。都知事の力でこの不正義に終止符が打たれ、私たち市民の普通の感情が通じる都政を心から願い、以下訴えます。

1. ご承知のとおり、平成一二年一二月二二日東京高裁は、明和地所が国立の大学通り沿いの、旧東京海上跡地五三〇〇坪（一八〇〇〇㎡）の敷地に建設中の、高さ四四メートルのマンションは二〇メートルを超える部分は違法建築物である、との決定を下しました。

2. 平成一二年一二月二五日、私たちは高裁決定に基づいて、違法建築物の撤去命令を多摩西部建築指導事務所長にお願いしましたが断られました。その理由は

① 高裁決定の建築基準法三条二項の解釈は従前の行政解釈と異なるものである。

② 東京都行政は当事者ではないから高裁決定にしばられない。

だから

③ 明和地所の建設工事は現在も適法に行われていると考えている。

④ 建物が完成すれば検査済証は出す。

というものであります。

東京高裁が違法建築物と認定したものを、東京都行政が適法、と考えるとは夢想だにしなかっただけに、私たちの困惑は言葉では言い表せません。

3．私たちの主張は次のとおりです。

①　三条二項に関しては、東京高裁が解釈し判断したことだから、行政もそれに従うのが法治国家として当然ではないか。

②　東京都は当事者ではないというが、事柄は建築基準法三条二項の解釈に関する司法の判断であり、当事者が代ったからといって三条二項の解釈が変る性質のものではない。

4．そもそも明和地所は、東京都の条例、国立市の条例、高裁の決定までを無視してきた企業であります。次の事実がそれを物語っています。

①　明和地所は、今日の大問題に発展する火種を宿していたマンション計画であったからこそ、住民説明会を頑なに拒否し、二冊の分厚い説明書の配布で済ませようとしました。説明会を開かせるのに、五万人の署名と議会の採択、市長・近隣住民・市民団体（考える会）からの一〇回に及ぶ要請が必要でした。明和地所のこの態度は、明らかに「東京都紛争予防条例」に反しています。

② 国立市には平成一〇年四月施行の「景観条例」があり、大学通りの建物は二〇メートルのいちょう並木と調和することが必要です。明和地所は五三メートルの巨大高層マンションを計画し、それが二〇メートルのいちょう並木に調和すると言い張り、（その後四四メートルに変更）結局、国立市から平成一二年七月二七日、市長の勧告に従わない悪質な企業として「事実の公表」までされました。このような例は全国でも初めてだと聞いています。

③ 国立市が市民の要請を受けて、高さ制限の地区計画を発表した途端、明和地所は国立市の景観条例・開発指導要綱による手続を一切無視して、多摩西部建築指導事務所（以下、西部事務所と略す）に、緊急避難と称して駆け込みで建築確認申請をしました。第一審の東京地裁八王子支部ですら、この明和地所のやり方を開発指導要綱違反と断じています。

加えて、明和地所は西部事務所に建築確認を早く下ろさせるために、常時数名の建築担当、設計者を廊下に張りつけ、時には政治家、弁護士が所長に対し、早く下ろさなければ損害賠償で訴える、と脅したりもし、その結果、この種の確認作業としては異例の早さで確認が下ろされました。

④ 東京高裁における審尋の中で、明和地所は自ら、「建築制限条例の施行当時、『現に建築工事中の建築物』が存在すると認められない場合、建築確認を得ていたとしても、高

さ二〇メートルを超える部分については建築基準法令に違反し、右部分を建築することができないことは争わない」と述べている。つまり、国立市の建築物制限条例が、現在建築中のマンションに適用されることになれば、二〇メートルを超える部分の建築はできないことを明和地所自身も認めながら、その審尋中の一〇月一四日、裁判所に挑戦するかのように二〇メートルを超える工事に着手しました。明和地所の応訴態度の悪さは高裁決定の中でも指弾されています。

一二月二二日の高裁決定は二〇メートルを超える部分は違法建築物であると認定したにもかかわらず、明和地所は現在も工事を続け、東棟はすでに四四メートルに達し、南棟も三〇メートルを超えています。

⑤　私たちが七万人署名を集め、悪戦苦闘の末国立市の臨時市議会で、建築物制限条例を可決していただき、その後一年間の裁判でやっと勝ち取った高裁決定の、その実施を東京都に求めている今、明和地所はあざ笑うかのようにマンション売り出しの看板を設置しました。

以上、常識では全く考えられない、市民の感情を逆なでする無法者明和地所の振る舞いの数々です。しかも東京高裁が二〇メートルを超える部分は違法建築物である、と断じているにもかかわらず、東京都の担当官たちは、高裁決定で否定された自分たちのこれまでの行政解釈に固執し、法律解釈において行政は司法の決定に従う、という法治国家の基本の基本すら無視する挙にでています。

担当部局が強弁していることは、決して都知事のご意向である筈はない、と私たちは固く信じています。担当部局が言う「東京都が当事者ではないから高裁決定にしばられない」「東京都相手の訴訟で敗ければそれに従う」ということは、私たちにとって全く不本意で不必要な行政訴訟に東京都をまき込め、ということであり、違法建築物はその間にも建てつづけられ、結果的に明和地所の悪業が放置され、政治の大義から大きくはずれることになります。

高裁決定は、私たち市民がこれまで五万人署名、七万人署名、と膨大なエネルギーを費やし、順法精神に則り、夜を日に継いだ懸命の活動の末、やっと勝ち取った、市民の切なる願いの結晶であります。

石原都知事、どうか、まちを破壊し、法を無視し、金儲けしか目のない明和地所の暴挙を止めさせる「撤去命令」を出して下さい。それが法解釈において、行政は司法の決定に従う、という法治国家の本来の姿を実現する道であります。そして市民の将来に対して責任をもつ行政の長として、私たちの期待する都知事であり、都政への都民の信頼を強固にする道でもある、と思います。もし、都知事が現在の状況を放置されるならば、新東京百景にも選ばれている、国立の美しいまちの破壊を許し、法の支配を守ろうとする都民を見捨てた都知事として、汚名を後世に残すことになるでしょう。

都知事におかれましては、国立大学通りで進行している現場に足を運んでいただき、私どもが一月一日から必死の思いで集めた、一一万人署名の重みと住民の感情を現地で実感していただきたい。

平成一三年三月二六日

東京海上跡地から大学通りの環境を考える会

代　表　石　原　一　子

東　京　都　知　事

石　原　慎　太　郎　様

一か月あまりが過ぎた五月一日、要望に対する回答は都庁の会議室で建築指導部長から伝えられた。奇しくも一年半前、われわれに地区計画が国立市だけでできることを教えてくれたその人、森下尚治さんであった。その回答の内容は、多摩西部事務所の所長と同じであった。

「高裁決定は東京都が当事者ではないし、理由中に一言（実は、九か所違法建築物と書かれている）述べた話である。明和地所の工事については適法に行われていると解釈しているから、是正命令を出す考えはない」

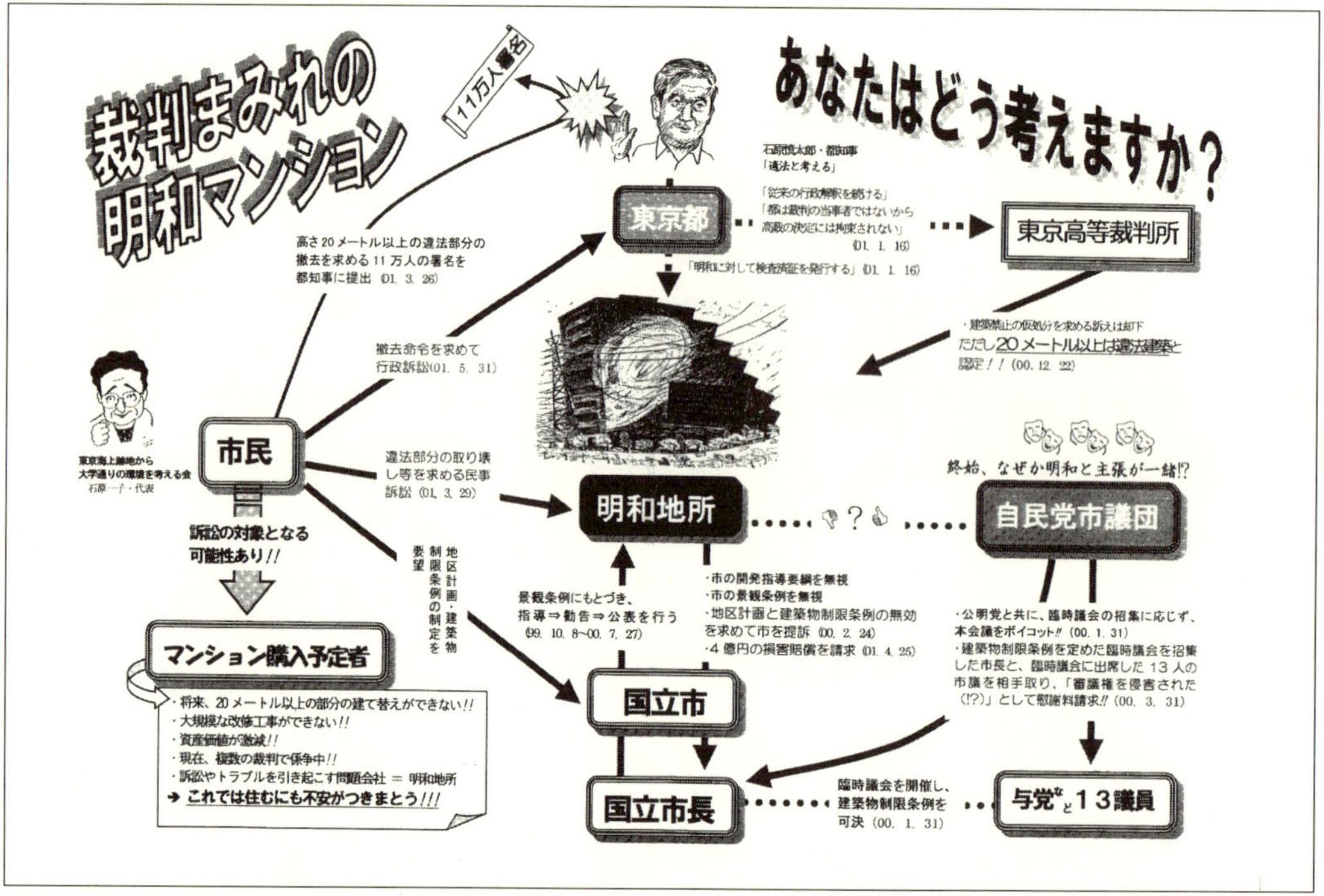

裁判まみれの明和マンション

われわれはこのとき、行政は司法の判断には容易に従わないものだ、行政の独善性、無謬性への信仰というものを、実際に自ら体験して骨身にしみた。それにしても、大きな大きな荷物を背負い込んでしまった。われわれは、やむなく五月三一日、今度は東京都を相手に違法建築物に対して撤去命令を出すよう行政訴訟に踏み込んだ。裁判まみれの運動にならざるを得なかった……。

同時進行の民事裁判と行政裁判

明和地所を相手に三月二九日に起こしていた民事裁判のほうは、五月一六日より口頭弁論がはじまっていた。法廷は、かのロッキード事件が審理された大法廷が用意され、一〇〇席の傍聴席は国立市民や桐朋学園の関係者でいっぱいになった。

私は冒頭の意見陳述で次のように訴えた。

「国立は東京の中でも住みたいまちとして人気が高く、新聞の折込チラシには『あこがれの街』『憧憬の国立に住む』などの言葉が目につきます。このような美しい国立の街並みは一朝一夕にできたものではありません。昨年一二月二二日東京高裁は決定の中で『二〇メートルを超える部分は違法建築物である』と認定しました。明和地所はそれをも無視し続けています。私たちの問題は一地域のマンション紛争に止まらず、景観の問題、大切な住環境の問題、企業の社会的モラルなど多くの問題を孕んでいます。本裁判において社会の道筋を正すために、どうぞ私たちの声をお聞き届けください」

明和地所は、今後の審理を非公開で行うように申し入れてきた。しかし、宮岡章裁判長は、「大きな事件でもあるし、これだけ多くの傍聴人がいるので次回もこの大法廷で弁論を行う」と述べられた。一方、行政裁判の口頭弁論は七月一九日からはじまった。行政裁判は非常に時間がかかるものだと言われていたが、市村陽典裁判長は建築の進行状況を勘案してか、たいへん速いペースで審理を進められた。

このころは、裁判の傍聴のために月に二回も霞ヶ関に出かけた。私は原告席を用意されていたが、せっかく裁判所まで来ても抽選にはずれて法廷に入れない人もいた。そのような人のために、弁論のあとはロビーで弁護士の先生から論点を整理してもらい、説明報告をしていただいた。私自身も、法廷には入れるものの難しくてわからないことも多かったのでたいへん勉強になった。

明和の「美しい」コマーシャル

八月中旬ごろ、明和地所の「会員募集」のテレビコマーシャルが流れはじめたが、それを見て驚いた。そこには、外国の、あたかも国立の大学通りと見まがう街並みに「国立大学通り沿いクリオ・レミントンヴィレッジ国立　国立倶楽部　会員募集」とテロップが流れ、そして画面には、周辺の並木に調和した美しい建物が映し出されていた。

「頑張って見直しを求める運動をしてきた甲斐があったわね。国立の街にマッチしたあんなに素敵なマンションになったのね。本当によかったわね」と、コマーシャルを見て勘違いをした多くの友人から電話をもらった。実に紛らわしい、消費者に誤解を招くコマーシャルではないかと公正取引委員会を訪ねて説明をしたが、「これが販売広告ならば問題であるが、会員募集の広告であるので表現上の問題はない」と言われた。

明和が販売の準備を進めていくのを、われわれは手を拱《こまね》いて見ていたわけではない。大西さんが、国会図書館で入居前の違法建物に対する電気、ガス、水の供給保留に関する政府の覚書を発見した。早速、水に関しては市長に、電気、ガスに関しては私の知人の東京電力の副社長と東京ガスの専務を訪ね、江見決定と国立での状況を説明した。

宮岡裁判長を迎える大学通り

一〇月二四日、民事裁判の三名の裁判官が現地視察に来られた。裁判官の横には、双方の弁護士がついてそれぞれ説明をする。そして、われわれ原告や被告の明和地所の社員がその後に続いた。当日はテレビや新聞といったマスコミの同行取材もあり、沿道には大勢の市民や桐朋学園の保護者が並んでそれを見守っていた。

大学通りを歩きながら、こちらの弁護士が明和地所の弁護士に向かって「先生もこの大学通りの景観の美しさは認めてくださるでしょう」と言う。すると明和の弁護士が、「大学通りといってもこのマンションは最南端に位置していて、そこから景観がガラッと変わるんですよ」と裁判長のほうを見て答える。ところが、裁判長から「そのマンションは大学通りの景観の美しさを売りにするんでしょう。販売のときには」と言われて、さすがに明和の弁護士は返す言葉もなかったようだ。

桐朋学園から見た完成直前の明和マンション（写真提供：桐朋学園）

桐朋学園に立ち寄られたときは、工事現場からの異臭が風に乗って付近一帯に立ち込め、ハンカチで鼻を覆うほどであった。グラウンドでは、子どもたちの目の高さから巨大な建物を見ていただこうとみなさんにしゃがんでもらったのだが、明和地所の社員が思わず「すごい圧迫感」と口走った。

このとき、一種住専運動以来三〇年間、大学通りの清掃活動を続けてこられた疋田二彦さんが、月一回のペースで発行してきたチラシ三一〇枚を裁判長に手渡された。それらは、一枚一枚が絵の具で色付けされていたものである。この疋田さんは、一二月の宮岡判決の直後に亡くなられ、棺《ひつぎ》にはその判決文が入れられた。

一週間後、われわれは数々の未解決の問題を抱えたまま、近々販売を開始しようとしている明和地所に対して販売の見合わせを指導するよう、一〇月三〇日、扇千景国土交通大臣に以下のような要望書を出した。

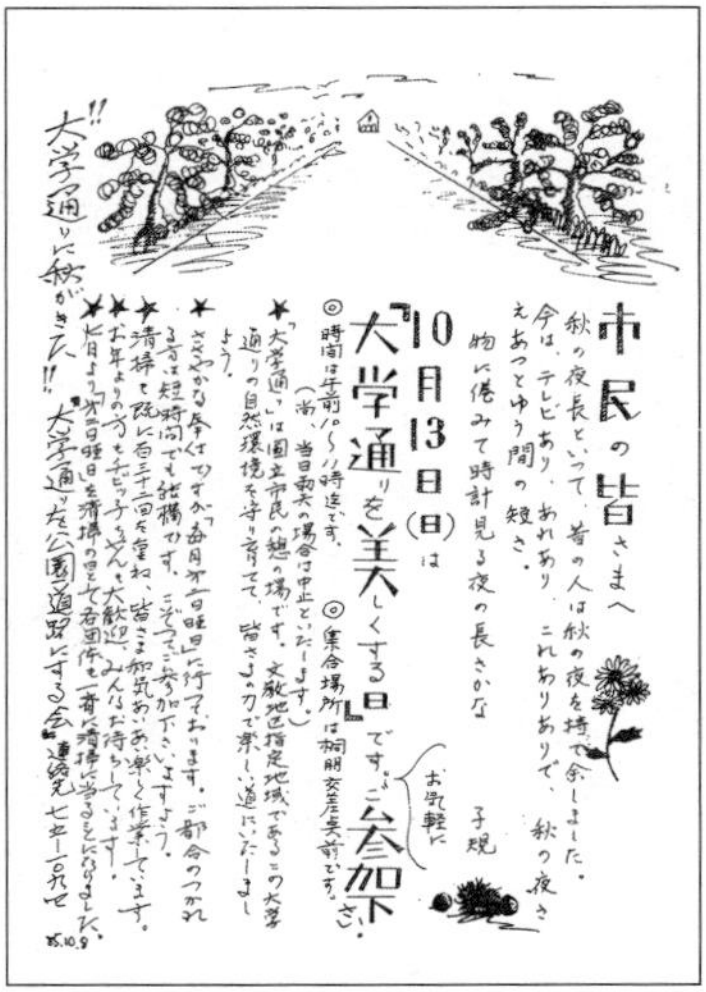

疋田二彦さんのチラシ

「クリオレミントンヴィレッジ国立《くにたち》」の販売の見合せについて（要望）

謹　啓

時下、ますますご清栄のこととお慶び申し上げます。

扇様の女性大臣としてのご活躍に私どもも大いに期待しております。

さて、市民が七〇有余年、こよなく愛し、守り、育ててきた文教都市国立の大学通りに、マンション業者明和地所㈱が土足で踏み込む形で、突如巨大高層マンション計画を持ち込み、それ以来二年四ヶ月、私ども「大学通りの環境を考える会」は、その計画見直しと違法建築の中止、そして現在では違法建築の取り壊しを求めて活動をしてまいりました。この運動は今では中学校の公民の教科書にも取り上げられるまでになっております。

標記「クリオレミントンヴィレッジ国立」をめぐる状況は、現在次のようになっております。

①　五三〇〇坪の敷地に目一杯の容積率を使った一四階建四四メートル三四三戸のマンションは、明和地所㈱が、建てる前から平成一二年二月一日施行の国立市建築物制限条例により既存不適格建物になることを承知の上で建設を強行したものです。建物のベランダから八メートル先には六・六万ボルトの高圧送電線が走り、電磁波、消防活動の不安もあり、敷地の南側は障害者センター・福祉施設、北側は学校で、しかも南側・北側の両方とも一方通行の狭い道路で、障害者、お年寄り、児童・生徒の交通安全上の心配があり、とうて

い三四三世帯もの生活に耐える環境を整えているとは思えず、住む人たちの安全、安心も考えられていません。

② 昨年一二月二二日、東京高裁の決定で二〇メートルを超える部分は違法であると認定されたにもかかわらず、明和地所㈱は建設を続行し、外観はほぼ完成させています。現在、私どもは東京地方裁判所において違法部分の撤去を求め、民事訴訟と行政訴訟で係争中です。

③ 既存不適格建物、つまり建て替え時には二〇メートル以下にしかできないという、それだけでも購入者に混乱と将来の不安をもたらす代物であり、加えて、①のようなマンションそのものとしての大きな欠陥、更には②の取り壊し裁判中という紛争の種を抱えているマンションが売り出され、事情のよく分からない消費者が万が一にも購入されますと、購入者は係争中の裁判に巻き込まれます。

④ そればかりか、裁判の結果、撤去になれば、ただちに購入者と業者との間に大規模な集団的トラブルが発生し、私たちとの問題に加えて購入者とは、全体で約二〇〇億円にものぼると思われる金銭的問題が発生し、一段と複雑な社会的責任問題に発展することは目に見えています。

大臣におかれましては監督官庁として、このような社会的大混乱を引き起こさないために、消費者が安心して購入できる条件と状況が整わない間は、マンション販売を見合すよう業者に対しご指導くださいますようお願い申し上げます。

敬具

平成一三年一〇月三〇日

東京海上跡地から大学通りの環境を考える会
代表　石原一子

国土交通省
大臣　扇　千景様

画期的な市村判決

一一月一二日、行政裁判の法廷で市村裁判長が東京都に対して、「ところで、明和地所の工事完了の予定日はいつですか」と尋ねられた。東京都は能面のような顔をして「さぁ、わかりません」と答えると、傍聴席にいた明和地所の社員が「はい」と手を挙げて、「一二月一〇日です」と得意気に答えた。事態は、一刻を争うところまで来ていた。

工事が完了すれば明和地所は「完了届」を都に提出し、都は「検査済証」を出し、そして明和はマンションの販売を開始する。われわれは、東京都と立川消防署に対して「判決が出されるまで検査済証を出さないで欲しい」と要請をした。しかし、東京都は「完了届が出されたら粛々と手続をする」と言うし、消防署のほうも「東京都の方針に従う」と言う。このような状況のなかで、われわれは一日も早い判決を願うばかりであった。

一一月二七日、結審した。市村裁判長は、「時の経過によって判決が無駄になることのないよう、一二月四日に判決を言い渡す」と言われた。

そして、一二月四日、判決が出された。

「明和地所のマンションは高さ二〇メートルを超える部分は違法であり、この違法部分に是正命令権限を東京都が行使しないことは違法である」

まったくもって痛快な判決だった。そして、建築基準法三条二項については、「根切り工事の着手及びその継続をもって『現に建築の工事中の建築物』と解することはできない」（判決七四ページ）とし、「条例施行時点では、杭打ちや基礎工事は着手されておらず」（判決七七ページ）と、先の江見決定と同様の解釈がなされた。

建築条例制定の趣旨については、以下のように判示された。

「本件建築条例によって本件地区の建築物の高さを規制した趣旨は、既に存在する大学通りという特定の具体的な景観を、将来的にも維持、保全を図るという行政目的を実効的に実現すること

にあると解される」（判決七九ページ）

そして、景観利益に関しては、「本件高さ制限地区の地権者は、大学通りの景観を構成する空間の利用者であり、このような景観に関して、上記の高さ規制を守り、自らの財産権制限を受忍することによって、前記のような大学通りの具体的な景観に対する利益を享受するという互換的利害関係を有していること」（判決八二～八三ページ）として、景観の保全が地域地権者の互換的利害関係にあることを認め、「本件建築条例によって直接規制を受ける対象者である高さ制限地区地権者の景観を享受する利益については、個々人の個別的利益としても保護するべきものとする趣旨を含むものと解すべきある」（判決八三ページ）と、大学通りの景観を享受する利益は条例に基づく個々人の個別的利益としても

勝利の記者会見（写真提供：桐朋学園）

保護すべきものとした。景観が、初めて個人の権利・利益として認められたわけである。これが、宮岡判決につながっていく。

明和地所の企業姿勢に対しては、以下のように判示されている。

「明和地所は、将来、本件建物が違法建築物と判断され、是正命令によって違法部分の除去をしなければならない事態に至ることがあり得ることをも認識し、その場合に自らが受ける危険や不利益についても十分に承知しながらあえて、本件建物の建築を停止することなく、本件建物の違法部分の建築を続行していたと認めることができる。このような場合において、是正命令権限行使の判断の際に、建築主の不利益を過度に考慮するとすれば、客観的には違法であるにもかかわらず、建築主側が作出した既成事実や駆け込み着工を安易に追認する結果となり、法の公正かつ公平な適用を害することになるというべきである」（判決九二〜九四ページ）

要するに、明和のつくり出した既成事実を追認すれば、法の公正・公平さを害することになるとしたわけである。そう、業界のやり得姿勢を戒めたのだ。

このように、市村判決は個々の地権者たちに景観享受利益を認め、さらには、行政に違法マンションへの対処を義務づけるなど画期的なものであった。

今度こそはと東京都へ

今度こそはと、意気込んで東京都の多摩西部建築指導事務所に赴いた。しかし、以前にも会ったことのある庄司静夫所長の回答は次のようなものだった。

「どうして、行政がいままでやって来たことと違う判断を高裁なり地裁なりで示されたのか残念です。建築基準法三条二項の解釈は全国一律、地盤の土を掘る根切り工事をもって着工として来た。今回の判決は納得ができない。建築行政が大混乱してしまう。明和地所の建物は適法だ」

（面会時の記録より）

仮処分で違法と判断された明和の建物に対して、われわれが一一万人もの署名を集めて都に是正命令を出すよう求めたとき、「東京都を当事者としてそれでそちらが勝てば従う」と言ったにもかかわらず、今度は間違えたことの後始末をするのがたいへんだから、間違った解釈のままいくと言う。この人たちの頭のなかにあるのは、自分たちのメンツと前例だけなのか。正直、理解に苦しむ。

われわれは東京都の本庁にも行き、速やかに違法建物に是正命令を出すように申し入れたが、東京都は是正命令を出すどころか、判決を不服として、一二月一四日、東京高裁に控訴をした。

ならば、せめて判決が確定するまでは検査済証の交付を控えるよう要請したが、「販売は業者がすることで自分たちは関係がない」と言う。このとき東京都は、明和の工事完了届に対して、法的な手続き違反（建築基準法七条一項）を犯してまで検査済証を交付した。

もちろん、われわれは厳しく抗議したうえで、「善意の市民が不幸にならないよう、重要事項説明書に書いておくべき内容を用意してきた。検査済証を出した人間として責任をもって明和に指導してもらいたい」と要請した。庄司所長はこれを承諾した。そして、この文書がのちに明和の「重要事項説明書添付資料」の内容になった。

市村判決直後

二〇〇一年（平成一三年）一二月二七日、二八日の両日、私は大西さんといっしょに市村判決を持って三度目の銀行回りをした。大手都市銀行のすべてと住宅金融公庫へ行った。公庫では、望月総裁が江見決定のときは「悩ましい問題」と言われたわけだが、このときは「違法マンションには融資できない」と明言された。大手都市銀行も同じだったが、三月になってわかったことだがスルガ銀行だけは提携ローンを組んでいた。大西さんは直ちにスルガ銀行の立川支店に出向いたが、のちに裁判でこのことが明和から問題にされた。

明和地所は二月九日より販売を開始した。明和地所の配る「重要事項説明書添付資料」には以下のような約束が書かれていた。

●訴訟等に関し、お客様に訴訟参加等の負担が生ずるときは、当社の責任と負担において対処いたします。

●また、これらの訴訟等の確定判決等において、万一、当該物件の撤去（一部撤去を含む）、原状変更等によってお客様に損害が生じるときは、当社の責任と負担において対処します。

法治国家において、将来、撤去もあり得る欠陥マンションの販売が行われること自体が異常である。そして、その後押しを東京都の建築行政が行い、国土交通省もそれを承知し

緑地帯での説明行動（写真提供：桐朋学園）

ている。これが、この国の現実なのである。

明和地所が現地でモデルルームを公開した日からわれわれ「考える会」は、このマンションが抱える重大な問題についてマンションの斜め向かいに位置する緑地帯で説明行動を開始した。その机の上には、これまでのマンション問題の経過を綴った資料などを並べた。

明和マンションの入り口には黒づくめの社員がズラリと並び、その向かいには見学者を待ち構える大勢のマスコミが集まった。そして、斜め向かいの緑地帯にはわれわれが構えた。凍えるような寒さのなかで、空気はピンと張り詰めていた。しばらくして、ようやく現れた見学者たちはたちまちマスコミに囲まれてしまった。

藤山裁判長、四億円の損害賠償を命ずる

二月一四日、二年前に明和地所が国立市を相手にして、地区計画、建築条例の無効・取消と損害賠償を求めていた裁判の判決が藤山雅行裁判長から下ろされた。「地区計画、建築条例の無効・取消」については明和の訴えを却下したものの、「損害賠償請求」については国立市に四億円の損害賠償を命じた。この裁判は、以後「四億円裁判」と呼ばれるようになる。

藤山判決の内容は、それ以前にわれわれの裁判（満田決定、江見決定、市村判決）において裁

判所が認定した明和像、そして地区計画決定および条例制定の経緯があまりにも事実と懸け離れたものとなっていた。以下に、その箇所を記しておく。

「本件地区計画の決定及び本件条例の制定は本件建物の建築計画を阻止するためにされたものであることは明らかである」（判決四六ページ）としたうえで、「本件地区計画の決定及び本件条例の制定は、本件土地についての既存の権利者である原告が高層マンション建築のために多額の投資をしている点を無視しているばかりか、その行動を積極的に妨げようとしている点において、景観の保持の必要性を過大視するあまり、既存の権利者の利益を違法に侵害したものというほかない」（判決四七ページ）

被害者と加害者が取り違えられている。住民の利益を不当に侵害したのは明和地所であるにもかかわらず、住民の利益を守るための国立市行政・議会の地区計画決定と条例制定が「既存の権利者」である明和地所の利益を違法に侵害したと言っているわけだ。藤山判決の描く明和像を、先の市村判決と、のちに出てくる宮岡判決と比較していただきたい。

さらに重大なことは、国家賠償法上は違法であるとしたことである。つまり、建築阻止の地区計画・建築条例が違法とされたのである。そして判決は、明和の建物が既存不適格建築物になったことによる損害として三億五〇〇〇万円、市長の議会での発言などが信用毀損行為に当たるとして五〇〇〇万円の、合計四億円の損害賠償を命じた。

当然、市長は控訴の意向を明らかにした。二月二六日に開催された臨時市議会で、「国立市の財産とも言える大学通りの景観を守るための地区計画と条例を不法行為とした判決を認めるわけにはいかない。国立市の名誉をかけ、政治生命をかけて闘いたい」と控訴への理解を求めた。採決のとき、自民党議員は退席したものの、「市民の血税を一円たりとも払うことは許されない」と、出席議員の満場一致で同意が得られた。そして市は、翌日に控訴をした。

控訴にあたり、市長から「弁護団を強化したい」という申し入れがあった。われわれの弁護団から六名が市の裁判に加わることになった。この裁判は、われわれが推進した「地区計画」に端を発していることから、われわれも一審の結審の段階から補助参加人となっていた。

この藤山判決で勢いを得た明和地所は、資金にものを言わせて数紙の新聞に毎週毎週凝った贅沢な折り込み広告を入れてきた。そこに並んだコピーは、いかにも人の気を引く美辞麗句が並べられたものであった。

・「新東京百景」に選定された国立大学通りに誕生
・この眺望とゆとりの空間をあなたの手に
・大学通りの四季が、あなたの風景になる
・国立の気品や知性を継承する永住邸宅
・大学通りが、わが邸宅へのアプローチ

・春爛漫、大学通りがあなたのステージになる

しかし、明和の販売現地には当の見学者がほとんど現れず、四月二九日を最後に、二月九日から毎週土、日、祝祭日に行ってきた私たちの説明行動を打ち切った。

高裁での行政裁判
——真っ青になった奥山判決

東京都と争っていた裁判の控訴審での口頭弁論が、二〇〇二年（平成一四年）三月二七日開かれた。高裁の奥山興悦裁判長は、建築基準法三条二項の「現に建築工事中の建築物」の解釈を最大の争点にする旨、また入居者が増えると被害が増大するので速やかに裁判を進めたいとし、次回、四

明和地所のチラシ

月二三日の結審と書面の提出期日が確認された。

その後、東京都側の書面提出が大幅に遅れ、こちらは反論をたった五日で作成しなければならない事態に陥った。四月二三日の法廷で裁判長は東京都側を厳しく叱責し、謝罪をするよう促したうえで「書面が不十分であるなら、期日を延ばしますか」と私たちに尋ねられたが、販売がはじまっていたのでその日の結審を希望した。そして判決は、六月七日、午前一〇時より言い渡されることになった。

六月七日、当日は五〇席の傍聴席を大きく上回る一二〇名の人が並び、抽選が行われた。一審判決が画期的であったし、法廷での裁判長の様子を思い出しても私たちの期待はふくらむ一方であった。

奥山裁判長――一審原告の控訴棄却、一審被告の敗訴部分の取り消し。

今度は、こちらが青ざめる番であった。一体、何がどうなったのか。奥山判決は、ただひたすら建築主保護の立場から、条例施行時の工事の状況が「現に建築工事中の建築物」に当たると言うだけであった。

「根切り工事や山留め工事の規模や進捗状況によっては、建築主の建築意思が外部から明確に認識できる状態にあり、建築基準法三条二項の『現に建築…の工事中の建築物』に該当する場合があると解するのが相当である」（判決一三三ページ）と建築主の建築意思を前面に打ち出し、「平成一二年二月一日の時点において行われていた根切り工事は、外部から客観的に建築主の建築意思を把握できる工事が継続中であると評価できる状態にあった」（判決一二八ページ）とした。

江見決定の「基礎又はこれを支える杭等の人工の構造物を設置する工事が開始されていることを要求する」、市村判決の「根切り工事の着手及びその継続をもって『現に建築の工事中の建築物』と解することはできない」との解釈を覆し、行政の実務を追認する解釈を採用することによって、高さを二〇メートルに制限した国立市の建築条例は明和のマンションには適用されないとした。

その日の夜の緊急報告集会で、私は「大変不当な判決。同じ裁判所で同じ争点に対し、これほど違う判断が示されることに戸惑いを禁じえません。このギャップを最高裁はどう判断するのか。みなさん気持ちを切り替え、上告を視野に入れて今後の活動を進めましょう」と訴えた。

七日の夕刊に続いて八日の朝刊にも、「『まさか』戸惑う住民側」、「時代の流れに逆行」、「揺れる判断に住民落胆」、「ばらばら判決に困惑」という文字が踊っている。その日の午後からのビラ配りはさすがに気が重かった。みんなの顔に疲れがはっきりと出ていた。

明和のマンションが建ってからというもの、周辺一帯は、とくに冬場は昼の一時ごろから暗くなり、強いビル風が吹くようになった。晴れた日に見えていた富士山も、美しかった夕日も眺めることができなくなった。あの色とりどりに咲き乱れていたツツジやサツキも咲かなくなった。私たちの間では、なるべくならあの前の道は通りたくない、家のなかでも常時カーテンを閉めるようになり、無意識のうちにマンションから目をそらすようになっていた。

六月二〇日、私たちは最高裁に上告した。

民事裁判での証言

四月二四日、民事裁判での証人尋問がいよいよはじまった。初日の尋問は私と大西さんであった。私は、大学通りの景観・環境を守るために長年、市民が弛《たゆ》みない努力をしてきたこと、明和地所は一部上場企業として社会的規範に従い、社会的責任を果たすべきであると次のように証言した。

私の証言――明和地所は企業倫理に著しく反しています。一部上場会社ということは、パブリック・カンパニーということです。社会的規範に従い、パブリック（市民）の意見を十分に受け止め、社会的責任を果たす会社でなければならないものです。しかるに、明和地所は、パブリック・カンパニーとしての良心はどこにあるのかと問いたい程に社会的規範に従わず、市民や地域と共生するということもなく、自社だけの論理で、ただ儲かれば良いという方針で、突き進んでいると言わなければなりません。

私の実業界での経験によれば、明和地所の今回の対応は、まるで、企業倫理からも、経営の常道からも外れています。明和地所は、本件マンションの建築を計画してから、近隣住民と敵対し、地域と共生しようとしない態度を取り続けています。このような態度は、被告明和地所の作成した近隣説明書にはっきりと表れています。私は不動産業界で活躍している経営者にもいろいろと意見を聞いてみたことがあります。すると、明和地所の今回のやり方は、業界の評価を貶《おとし》めるだけであるとの強い非難の意見を述べる方が圧倒的に多かったのです。

国立の景観は、美しい。特に、大学通りの景観の美しさは、誰も否定できないでしょう。私は、明和地所にうまい汁を吸わせるために国立の環境を守ってきたわけではないと、声を大にして訴えたいのです。明和地所のやり方は、あたかも人の座敷にズカズカと土足で入ってきたのと同じです。こんなことは社会では到底許されないと思います。明らかに商道徳に反します。

大学通りの景観による利益は享受しながら、他方では、これを破壊する高さ四四メートルものマンションを建築することは、誰が考えても、暴挙という外はありません。明和地所は、マンションの完成後は、これをことごとく販売して売り逃げするということを見逃がすわけにはいきません。販売後の大学通りがどうなろうと構ったことではないというのが明和地所の基本的立場というものです。

一方、大西さんの証人尋問は、裁判長から直々に初日に行いたいとのお話があった。まず大西さんは、「明和地所は、大学通りおよび周辺地区の地域性、歴史性、市や市民の景観に対する取り組み、景観条例等を当然知り得たはずであり、そのうえで強引に計画を推し進めてきた」と述べた。そして、近隣説明書が読み上げられたときには傍聴席からざわめきが聞こえた。

また、桐朋の理事として以下のように訴えた。

「明和地所の醜怪なマンションによって大学通りの景観は完全に破壊され、桐朋学園からの光景も昔日の面影はありません。毎日毎日異様な要塞が子どもたちの前に立ちはだかっています。日々つみ重ねられていく不快感は子どもたちのこころに大きな痕跡を残します。子どもたちの心の原風景にこの要塞が焼き付けられていくのは居ても立ってもいられません」

そしてさらに、次のように強く訴えた。

「明和地所は、当該物件の撤去等によってお客様に損害が生じるときは、当社の責任と負担において対処しますとして、その商品が将来、滅失もありうる違法マンションの販売をおこなっています。法治国家においてこのような販売がおこなわれていることは、前代未聞で正気の沙汰ではありません。しかもその後押しを東京都がやっています。病める日本の象徴としての国立マンション問題なのです。裁判所のご英断を是非お願いいたします」

七月一二日、最後の証人尋問が行われた。証人として、東京理科大名誉教授の武井正昭先生と、東京大学の大方潤一郎先生にお願いした。

武井先生は、特注の魚眼レンズ付カメラで明和マンションから受ける圧迫感の大きさを測ってくださった。それによると、場所によっては一般の人が耐え難いとされる実に四倍もの数値が出た。先生は、明和地所が高さを二〇メートルにし、もう少し建物の位置を道路からセットバックしておけばこのような圧迫感はなかったこと、そして、圧迫感の大きさは建物が建つ前に設計図から測ることができるので、大型の高層マンションを建築するときには、建築する側が圧迫感に対する配慮をするべき時代になっていることを証言してくださった。

大方先生は、都市計画と建築基準法の観点から、藤山判決、奥山判決への反論ともいえる証言をしてくださった。まず、藤山判決を念頭に入れ、都市計画の観点から、仮に地区計画の目的がいわゆる「狙い撃ち的」なものであっても、それはむしろ地区計画本来の性質であってそれを理由に違法であるという主張は成り立たないこと、次に奥山判決を意識しながら、建築基準法三条二項の趣旨は建築主の建築意思ではなく建物自体の保護にあるのであって、新法令適用除外と言い得るためには、少なくとも建物の基礎工事開始後、人工の構造物の一部が現出しなければならないことを証言してくださった。

これらの証言の後、宮岡裁判長は「最終弁論を九月四日にする」と述べられた。われわれ原告団は、最終弁論に向けて、全員が自分の思いを込めた陳述書を提出することを決めた。といっても、ほとんどの人が陳述書というものを書いた経験がなかったので、寄ると触るとこの話題でもちきりとなった。もうどこにも、六月七日の奥山判決を引きずっている人はいなかった。

青空と夕日を取り戻したい、安らぎと潤いのある生活をしたい、のびのびと子どもたちを教育したい、という願いを一人ひとりが陳述書に託して提出した。それによると、驚いたことに、ほとんどの人が初めて国立を訪れたときの記憶をいまでも鮮明にとどめていた。もちろん、私もそうだった。父といっしょに国立駅に初めて降り立った日のこと、大学通りのサクラが満開だったこと、「一子、ここに住もう」と父が言ったこと。私たちには、初めて見たこの美しい大学通りをずっとそのまま守っていきたいという共通の思いがあった。

九月四日、われわれも明和地所も膨大な書類を提出した。そのためか、最終弁論の日が一〇月二日にもち越されることになった。そして、一〇月二日には、明和マンションの購入者約七〇名に対して「被告」としての手続きがとられた。被告の対象者は二〇メートル以上の階を購入した所有者だけかと思っていたが、マンションの共有部分があるために所有者全員が被告になるということであった。「重要事項説明書添付資料」が一歩現実味を帯びてきたわけである。

判決は、一二月一八日午前一〇時から言い渡されることになった。

歴史的な宮岡判決

一二月一八日の朝、みんなが緊張した様子で裁判所にやって来た。例によって、ある程度原告が集まったところで、マスコミの要望にこたえて霞ヶ関の地下鉄の出口あたりから裁判所の入り口まで弁護士を先頭に行進した。仮処分から数えてもう五度目だというのに、やはりギクシャクした。カメラ撮影が終わったとたん、みんな一様に「ふーっ」と大きく息をついた。入り口で荷物検査を済ませて、一階の端の一〇三号法廷に入る。原告席に着くと、また緊張してきた。大法廷の傍聴席は満席で、これまでになく大勢の報道関係者も詰め掛けていた。

一〇時になった。宮岡裁判長を先頭に、三人の裁判官が席に着いた。ここで、二分間のテレビ撮影が行われる。このときは、みんな微動だにしない。息をするのもはばかられるほどだ。テレビカメラが退廷し、いよいよ判決の言い渡しの瞬間だ。宮岡裁判長から主文の読み上げがはじまった。

宮岡裁判長——被告明和地所株式会社らは……高さ二〇メートルを超える部分を撤去せよ。

この瞬間、一〇三号法廷に悲鳴に近い「ワーン」という声が上がった。涙が溢れてきた。判決は、大学通りの地権者に「景観利益」を認め、マンションによる「景観利益」の侵害が著しく、金銭賠償では救済ができないとして、大学通りに面した東棟の二〇メートルを超える部分の撤去を命じたのだ。

司法記者クラブの会見場は、大勢のテレビカメラ、報道関係者でごった返していた。こんなことは初めてだった。三年半近くにわたるこの運動にやっと光が見えた。そして、司法の存在がかくもありがたいものかと感激した。判決でも指弾されたが、「開発業者は私企業のソロバン勘定だけではなくて周囲のことも考えるべきだ」と私は会見の席上において述べた。

このニュースはお昼のトップで取り上げられ、帰りの電車のなかから見えるビルの電光ニュースで「二〇メートル以上撤去」の文字が燦然と輝いていた。国立に帰ると大騒ぎになっていて、マンションの前はというと、大勢の報道関係者がマイクを持ってあちこち走り回っていた。そして、夕方から行った駅頭でのビラ配りは行列ができるほどであった。メンバーがマイクで判決の内容とこれまでの応援に感謝を述べると、周りから拍手が起こった。それを見て、また涙が溢れてきた。その後の報告集会でも、目を潤せながら大勢の人と握手を交わし、喜びに浸った。

夕刊も、各紙が大きくトップで掲載し、テレビのニュースでも取り上げられた。次の日の朝刊も、各紙にトップで「撤去命令」の文字が大きく踊り、ジャパンタイムズにまで写真入りで大きく出ていた。撤去の判決にも驚いたが、この報道の扱いにも本当に驚いた。

判決文を、各項目ごとに要約して紹介しておこう。

平成１４年１２月１８日判決言渡・同日原本領収　裁判所書記官

平成１３年(ワ)第６２７３号　建築物撤去等請求事件

口頭弁論終結日　平成１４年１０月２日

判　　　　　決

当事者の表示は，別紙原告目録及び被告目録に記載のとおりである。

主　　　　　文

1　被告明和地所株式会社及び別紙被告目録記載第２の被告らは，原告吉村博邦，同青木徹及び同小澤花子に対し，別紙物件目録記載２の建物のうち，別紙図面のＡないしＺの各点を順次直線で結ぶ範囲内の地盤面から高さ２０メートルを超える部分を撤去せよ。

2　被告明和地所株式会社は，原告吉村博邦，同青木徹及び同小澤花子に対し，平成１３年１２月２０日から前項記載の建物部分を撤去するまで，それぞれ１か月１万円の割合による金員を各支払え。

3　被告明和地所株式会社は，原告吉村博邦，同青木徹及び同小澤花子に対し，金９００万円及びこれに対する平成１３年4月１２日から支払済みまで年5パーセントの割合による金員を支払え。

4　原告らのその余の各請求をいずれも棄却する。

5　原告らと被告三井建設株式会社との間に生じた訴訟費用は原告らの負担とし，原告らとその余の被告らとの間に生じた訴訟費用はこれを１０分し，その１を原告らの，その余を被告明和地所株式会社の各負担とする。

事　実　及　び　理　由

第1　請求

1　被告明和地所株式会社及び別紙被告目録記載第２の被告ら（以下「被告近藤公章ら１１３名」という。）は，別紙物件目録記載２の建物（以下「本件建物」という。）のうち，高さ２０メートルを超える部分を撤去せよ。

2　被告らは，訴状送達の日の翌日から前項記載の建物部分の撤去に至るまで，

宮岡裁判長の判決文

景観利益に関して

「特定の地域内において、当該地域内の地権者らによる土地利用の自己規制の継続により、相当の期間、ある特定の人工的な景観が保持され、社会通念上もその特定の景観が良好なものと認められ、地権者らの所有する土地に付加価値を生み出した場合には、地権者らは、その土地所有権から派生するものとして、形成された良好な景観を自ら維持する義務を負うとともにその維持を相互に求める利益（以下「景観利益」という）を有するに至ったと解すべきであり、この景観利益は法的保護に値する」（判決二〇ページ）とした。背景に、蓼沼先生の「地域慣習」の考えと市村判決の「互換的利害関係」があり、それをベースに「土地所有権から派生する景観利益」という宮岡裁判長の練られた理論創造を読み取ることができる。

明和の土地購入に関して

「被告明和地所は、本件土地の購入にあたり、行政指導には法的な強制力がなく、公法上の高さ規制がない以上、近隣住民がいかに強固に反対しようとも、これを押し切って建築を強行してしまえば、何ら咎められる筋合いはないとの経営判断のもとに、本件土地を購入して本件建物を建築した」（判決四八ページ）と、その強引さを指摘している。

明和の国立市行政批判に対して

「被告明和地所は、……国立市は被告明和地所が本件土地を購入した後に突如として二〇メートルの高さの制限を求めるという一貫性のない混乱した行政を行ったと非難する。……しかし、本件土地の購入に先立ち、被告明和地所の担当者は、国立市の担当者から、大学通りの景観を巡って再三の住民運動が起こっており、景観権訴訟も係属中であること、本件土地が景観条例において景観形成重点地区の候補地になっていることなどを聞かされている」（判決四八～四九ページ）と、撥ねつけている。明和の主張を鵜呑みにした先の藤山判決と大違いである。

近隣説明書について

「被告明和地所は、本件土地に公法上の強制力をともなう高さ規制がない以上建築を強行できると判断して本件土地の購入に踏み切ったものであり、この被告明和地所の思惑は、前記の二冊の近隣説明書に記載された『悪法もまた法律である』等の文言に如実に表れているといわなければならない」（判決五〇ページ）と異例なことであるが、判決文の三七ページから四〇ページをその引用で埋めて悪質性を指弾している。

明和の企業責任について

「このように大学通りの景観を守ろうとする行政や住民を敵視する姿勢をとり続ける一方で、本件土地に高層建築物を建てることによりそれまで保持されてきた本件景観が破壊されることを十分認識しながら、自らは、本件景観の美しさを最大限にアピールし、本件景観を前面に出したパンフレットを用いるなどしてマンションの販売をしたことは、いかに私企業といえども、その社会的使命を忘れて自己の利益の追求のみに走る行為であるとの非難を免れないといわざるを得ない」（判決五二ページ）とまで非難されている。

私たちが言いたかったことのすべてを、あの膨大な証拠資料のなかから拾い上げて書いてくださった。深く感謝している。証人に立ってくださった大方潤一郎先生からもお祝いのメッセージをいただいた。

「建築基準法三条二項の解釈は、われわれの主張が認められなかったようですが、これはあまり重要なことではなく、基準法上は合法でも、景観を阻害するものは民法上不法行為だと明確に認め、撤去も命じた、という、大変素晴らしい判決だと評価しております。特に基準法とは関係なく、地域の環境を阻害するものは不法だという判決は、他の地域の、様々な運動を力づけるものだと思います。基準法三条二項にあたらず、違法建築だから撤去、という判決よりも、はるかに世の中を前進させる判決だと思います」

当然のごとく、明和は東京高裁に控訴した。われわれも、「建物の東棟のみならず南棟の二〇メートルを超える部分の撤去」を求めて同じく控訴をした。

すがすがしい気分で年始を迎え、そして大学通りのサクラが満開のころ、経済同友クラブ（経済同友会のOB会）から「国立マンション奮闘記」のタイトルで講演の依頼を受けた。そのときの内容を、一部省略して紹介しておくことにする。

〰〰〰〰〰〰〰〰〰〰〰〰〰〰〰〰〰〰〰〰

今日この部屋に入ってきましたら、たくさんの懐かしいお顔にあたたかく迎えていただいたので、ちょっとホッとしています。

まず、石坂理事長が「くにたち」のことを「こくりつ」とおっしゃったので、国立の位置関係を申し上げたいと思います。東京駅から中央線快速で約五〇分の所でございまして、国立という名前の由来は、「国分寺」と「立川」の間に位置するところから「国立」、というわけでございます。

お手元にショッキングなカラーのついた写真をお出ししておりますが、この赤い部分がこのたびの判決で撤去の対象となった部分でございます。すでに建っている一四階建て高さ四四メートルの建物に対して、昨年（二〇〇二年）一二月一八日東京地裁で、一〇〇人を超える傍聴人の前で「高さ二〇メートルを超える部分を撤去せよ」という判決の主文が読み上げられた瞬間、まさに鳥肌の立つような感動を覚え、思わず声を出して泣いたわけです。そういった劇的な、勝つために闘ってきた運動ですけれども、世の行政が常に大企業寄りで、市民の運動の熱意とか真剣な思いをまったく汲みとってくれないなかで、裁判所があそこまで言ってくれたということが、本当に感動的でございました。

判決の中身を要約しますと、業者は、単に都市計画法と建築基準法の関連法規を守っていればよいというものではない。周辺住民のそれまでの生活利益、国立の場合には特に景観にも十分配慮しなければいけない。生活利益を不当に侵害した場合は、単なる損害賠償で済まされることではなく、原状回復すなわち撤去もあり得る、ということを示したわけです。なお、事業者は社会的使命を忘れてはならないということも、判決文には明記してあります。

1986年に経済同友会初の5人の女性会員が誕生（写真提供：筆者）

住民が長年努力してきた都市景観が「景観利益」として認められたということは、景観権の確立に向けての、大きな一歩ではなかったかと思います。何よりも、あの判決が出たとき、堤清二さんが祝電をくださいました。そして、「自分が同友会にいれば、こういう発言はできないけれど、もう自分は作家として自由人であるから、あの判決はいいと言える」と言ってくださった。この言葉は、私は本当にそうなのだろうなぁと思います。不動産業界は大抵建て逃げ、住民は切り捨てられ泣き寝入り、という従来の構図がここで止まったと私は思います。構図をひっくり返したという意味で、勇気ある判決だったと思います。

私は三年八か月のこの運動を通じて、いろいろなことを勉強しましたし、経験しました。まず、嬉しかったことですが、当初この運動を立ち上げたときには、私たちは「あそこにあんなものを建ててもらったら困る。醜いものはいやですよ」と言っていたのですが、弁護士さんたちのなかでは、「景観権はまだ権利として認められていないから、これは絶対勝ち目はない」という意見が強くあり、もっぱら日照問題を争点としていました。しかし、私たちのなかでは、都市景観というものはやはり市民が守っていくものではないのか、という思いがずっとありました。そんなとき、ある方が、「いま、あなた方がやっていることは、橋のないところに橋を架けるような仕事です。いいと思ったことはやることね」と励ましてくださった。

それから、平成一四年度（二〇〇二年度）の中学校の公民教科書、清水書院と日本書籍に、このわれわれの運動が取り上げられました。これはわれわれが働きかけたわけでもなんでもありませんが、教科書すらこういうことに興味をもってくれる時代になったのかなぁと思います。こういった時代の流れのようなものをいろいろなところで感じました。

そして、署名やカンパや激励の数々です。初めは、国立市に業者に対して計画の見直しを求めるよう働きかけて欲しいという五万、それから地区計画の条例制定のための臨時市議会を開催して欲しいといって七万、最後は都知事に、明和に対して是正命令を出してくださいと、あの石原慎太郎氏に一一万の署名を集めて持って会いに行ったのですが、一瞥すらしてくれませんでした。みんなでお揃いの黄色のカッパを着て景観を守るということで行きましたけれども、本当にあの人は冷たい人ですね。ですから私は、署名運動というのはまちでは力があるかも知れないけれども、都のレベルでは本当に無意味だったと思います。

次に、この運動を通じていくつかとても勉強になったことをお話したいと思います。今、日本の社会は、「いいものはいい」「これはやるべきだ」ということを、それぞれのオピニオンとして言っていくという力が弱くなっているように思います。大企業にいる人、あるいは公的なＮＨＫのようなところの人は、公然と自分たちは公平で公正でなければならないと言います。公平と公正がどうしてここに出てくるのと私は思うのですが、なぜ、あの建物を醜いと言えないのか。しかも、違法なのにごり押しでやっているじゃないの。おかしいと、どうして自分の意見が言えないのか。マンションの目の前には国立《くにたち》高校があります。国立高校にも働きかけたのですが、なんと「都立だから反対できない」と言うのです。なんですか。われわれの税金で成り立っているのですよね。しかも、目の前に四四メートルの高さといったらかなりのものでしょう。その建物が城壁のように立ちはだかっているというのに、それに目をつむり、そんなところでどんな秀才を育てても社会に出て役に立たないと思うのです。これはわが母校一橋大学にも言えることです。社会科学の殿堂である大学が、景観問題に無関心でいいのですかと言いたいですね。

ここにも利害関係者がいらっしゃるかもしれませんが、私は奥さんたちから、ご主人からそんなことはやめろと言われているとか、ご主人の上司からの圧力があるので参加できないということを、よく言われました。そんなことでいいのですかね。私はやはり、閉塞感というのはそういうところから出ていると絶対思います。

運動というのは数の論理です。数というのは、国立のマンション問題では一八団体の一五〇人、それぞれにバックがあり、考え方があり、男女の差がある。温度差があるわけですね。それが三年八か月ここまで来る間には、やはり消長がありました。一番辛かったのは、並木の高さ以上に建物が建ち上がったときに、「もうダメだ」、「もう無駄な抵抗はやめようよ」という諦めムードが出てきたことでした。この種の誘惑には、やはり多数の人が引っ張られていく。必ずそういうことはあるわけですが、私自身をエンカレッジしてくれたのは、平成一二年（二〇〇〇年）一〇月の朝日新聞「女ひとり阿寒の森を守った」という記事でした。

前田光子さんという前田の殿様の後裔なのでしょう。阿寒の森をターゲットに東急の五島慶太氏が北海道の開発に乗り出して、阿寒のまちもそれに傾きかけた。そのときに、子孫に天然の森を残すのが私たちの務めと、この前田光子さんが一〇年越しの闘争のなかで財団をたてたのです。「前田一歩園」――東急のリゾート開発に対抗して、昭和五八年（一九八三年）にこの財団ができあがった。女一人で。これに、私は非常に強い衝撃を受けました。女一人で一〇年かけてこれだけのものを守れるのに、国立でみんなでかかってやれないというのは、これでは女がすたる。伝統ある大学通りを私は絶対守ってみせようと思いました。

それからもう一つ。ジュリア・ロバーツが主演した「エリン・ブロコビッチ」という映画。アメリカの現実にあった六価クロム公害の話です。三人の子どもをもった女性が、自分は弁護士でもなんでもないのですが、周囲の六価クロム公害に悩んでいる人たちを一軒一軒訪ねて歩き、大企業相手になかなかたいへんなことだと思うのですが、公害に対する賠償を獲得した。まあ、ジュリア・ロバーツが素敵だったからなおさらなのですけれども、私は何回も映画を観ましたし、ビデオも買いました。やはりこういうところがアメリカのハリウッド映画だと言えばそれまでですが、でもそういう人が実際にいるということはすごくインプレッシブでした。

大げさに言いますと、大衆動員にはルーチンがあると思うのです。決まった日に決まったことをやるために集まるという、ルーチンな仕事があります。だいたい毎週事務局会議が、一〇～一五人程度の集まりですが、今日まで一三九回。チラシづくり三二回、これを駅周辺で月二回配りました。全体会議が五五回。市議会の傍聴が、これは行けば行くほど腹が立つのですが、八七回。裁判所の傍聴が七一回。先ほど申しました撤去の判決が下りました東京地裁の一〇三号法廷は田中角栄さんが裁かれた法廷だそうですが、そこに毎回一〇〇人の傍聴者が来てくれました。普通ではなかなかできないことですが、これは桐朋学園のＰＴＡの方々、マンション周辺の人々がたいへん熱心に足を運んでくれました。

年に一回、必ずイベントも行いました。初年度は神田パンセでシンポジウムを開催し、佐高信さんや、徳島の吉野川可動堰住民投票の世話人の方をお招きして、実際にどのようにして運動が行われたのか、ご本人に直接お話をうかがいました。選挙でまちを変えようと思うときには、たくさんの人に選挙に関心をもってもらい、より多くの人に投票に参加してもらうことだと考え、「〇〇反対」などと言わず、ただ黙って投票日を書いたカードを持って、一か月前からメインストリートに毎日ズラッと並んで立った。そうやって新しい投票者を掘り起こして勝った、というお話などは非常に参考になりました。二年目は、大学の先生方にお越しいただき、日本の都市計画法や圧迫感について、また土地利用についてのお話をうかがいました。昨年は、大林監督の映画『なごり雪』上映会と、学生・若手研究者によるシンポジウムを開催いたしました。

要するに、われわれの運動が核になりながら、市民一般の人の関心を冷えさせてはダメなのですね。これは腹立たしいくらいつまらないことのようですが、非常に大事なことです。

それから、この運動を通じて強く思ったことは、日本人というのは「衣・食・住」の「衣・食」に関してはすばらしい感性をもっているのですが、「住」に関してはデタラメだということです。皇居の周囲やビル街だけでなく、一般の人々が住んで寝る環境も大事にされなくてはいけない。私は、今後資源のない国として、観光ということも一つの資源になるかもしれないと思うのですが、それにはもう少し「住」について関心をもっていただきたい。この関心の無さは、組織に組み込まれた日本人独特のものではないかと思うのです。みんな、夜中に帰って寝て、朝出ていく行動のなかから周囲に注意を払う余裕がない。だけれどもやはり、ウイークエンドは、まあゴルフもあるでしょうが、ぜひご自宅の周囲や町の様子に関心はもっていただきたいなあと思います。おもしろいのが、この運動のなかに、大手の会社の元重役さん方が、いまは罪滅ぼしとおっしゃりながらボランティアで参加してくださっていることです。

それから不愉快だったことや悲しかったことはといえば、先輩に呼び出されて、「君何やっているの。わかっているの。建築業界を相手にしているようなものなのだよ。君の名前に傷がつくから手を引きなさい」と言われたことでした。これは一度ならずありました。私は、「いまさら名前に傷がついても別に失うものはなにもありませんから」と申し上げましたけれども、「絶対勝てないよ。弁護士がそう言っている」とも言われました。

けれども、私は絶対勝つ！　イギリスのチャーチルの「ネバー、ネバー、ネバー、ネバーギブアップ」、そしてアメリカのリンカーンの「世論が味方なら必ず何事も成功する」の言葉を念頭に置きながら、間違ったことはやっていない！　絶対勝つ！　と思って、無謀なドン・キホーテと言われたこともありましたけれども、私は勝たねばならない仕事だと思ってやっております。

そして、どうしても勝ちたいという情熱を分かちあう仲間がいるということが私を支えてくれました。私たちのグループのなかには知恵者がいますし、パンフレットづくりなど情報関係のコピーを本当に献身的にやってくれる仲間がいます。みなさまにお配りした『うまい汁』には、

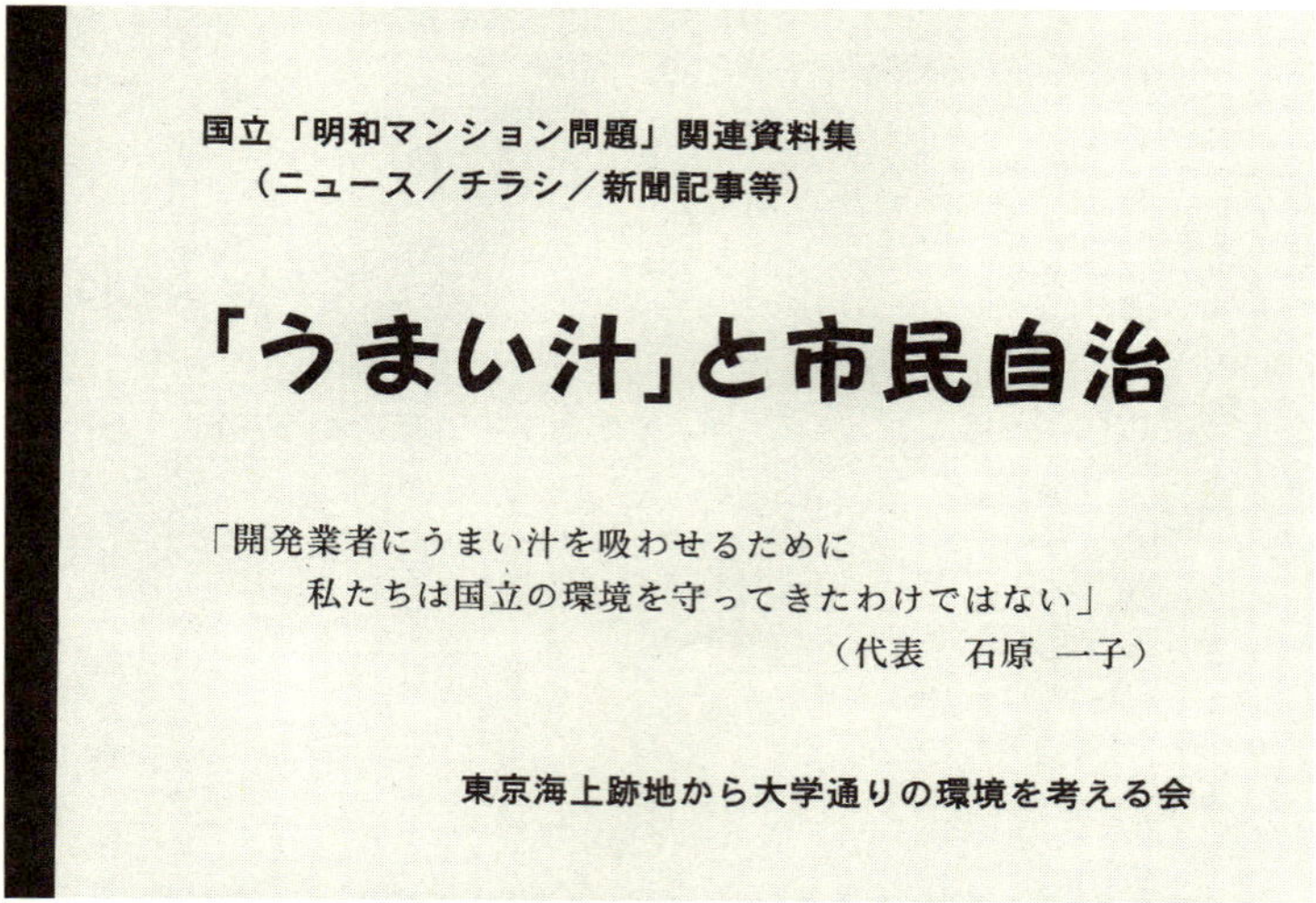

国立「明和マンション問題」関連資料集
（ニュース／チラシ／新聞記事等）

「うまい汁」と市民自治

「開発業者にうまい汁を吸わせるために
私たちは国立の環境を守ってきたわけではない」
（代表　石原 一子）

東京海上跡地から大学通りの環境を考える会

マンション闘争記録：「うまい汁」と市民自治

そういったものが詰まっております。

そうした仲間がいて、しかも今回の判決が出て、まんざら日本も捨てたもんじゃないなというのが率直な私の感想でございます。これから高裁、最後は最高裁かもしれませんが、しかし、世の中は確実に変わっているのではないかと感じております。腹立たしいほどゆっくりとですけれども。

この種の運動にかかわっていると、いろいろな方に声をかけられます。しかし、その人の一言で、「ああ、この人はこの程度の人だったのか」と、本当にそう思ってしまう人もいます。昨日お会いした方は、「君、よかったね。だけど君が生きている内にどうなるかわからないよ」と。何が言いたいのでしょうか。私は日本の社会は本当に人をけなす社会だと思います。ディスカレッジすることがすごくうまい。しかしこれからの日本は、お互いにエンカレッジし合っていかなければいけないと思います。どちらかというと、出る杭だった私がみんなと一緒にこの運動にかかわって、みんなで杭を出し合いながらやってきたからこそ、あの判決がいただけた。それこそが、運動の成果なのだと思っております。

（二〇〇二年四月一一日）

東京高裁へ

「景観利益」は、何としても守らなければならない「新しい権利」である。高裁で勝つためには、さらに法的な構成を緻密なものにしていかなければならなかった。そこで、全国の大学の先生方を中心に「意見書」お願いしたところ、多くの方々が協力してくださり、それぞれ専門の立場から「意見書」を書いてくださった。とくに、広島大学の富井利安先生には、一審段階から景観権の理論構成について、何回も上京をお願いして弁護団会議でご指導いただいた。

平成一五年（二〇〇三年）七月一六日、いよいよ東京高裁での民事裁判がはじまった。私は冒頭の意見陳述で、「貴重な歴史と人の汗をお金の力でねじ伏せることはできない。一刻も早く景観を取り戻したい」と訴えた。それに対して、明和地所からは関弁護士が弁論を行った。

「景観利益というのはわが国では珍しいというかこれが初めての判断であります。日本人は太陽をとても大切に考え、太陽の光を浴びるということにうるさくて、日照被害がしばしば問題となり日照基準というものが建築基準法や条例で規定されているわけです。しかし、景観というのは景色がいいということであり、目障りだからやめてくれというのが景観利益で、振動や騒音などと違って、これはそんなに深刻な被害とは言えません。それは多分に感情的なもので、そうした

表　意見書を書いてくださった方々

- 富井利安教授（広島大学）
- 淡路剛久教授（立教大学）
- 西村幸夫教授（東京大学）
- 寺尾美子教授（東京大学）
- 宮本憲一学長（滋賀大学）
- 矢作弘教授（大阪市立大学）
- 中井検裕教授（東京工業大学）
- 牛尾洋也教授（龍谷大学）
- 渡辺俊一教授（東京理科大学）
- 内田雄造教授（東洋大学）
- 見上崇洋教授（立命館大学）
- 小穴晶子教授（多摩美術大学）
- 大林宣彦氏（映画作家）
- 大方潤一郎教授（東京大学）
- 窪田亜矢専任講師（工学院大学）
- 戸谷英世氏（建設省OB・住宅生産性研究会理事長）

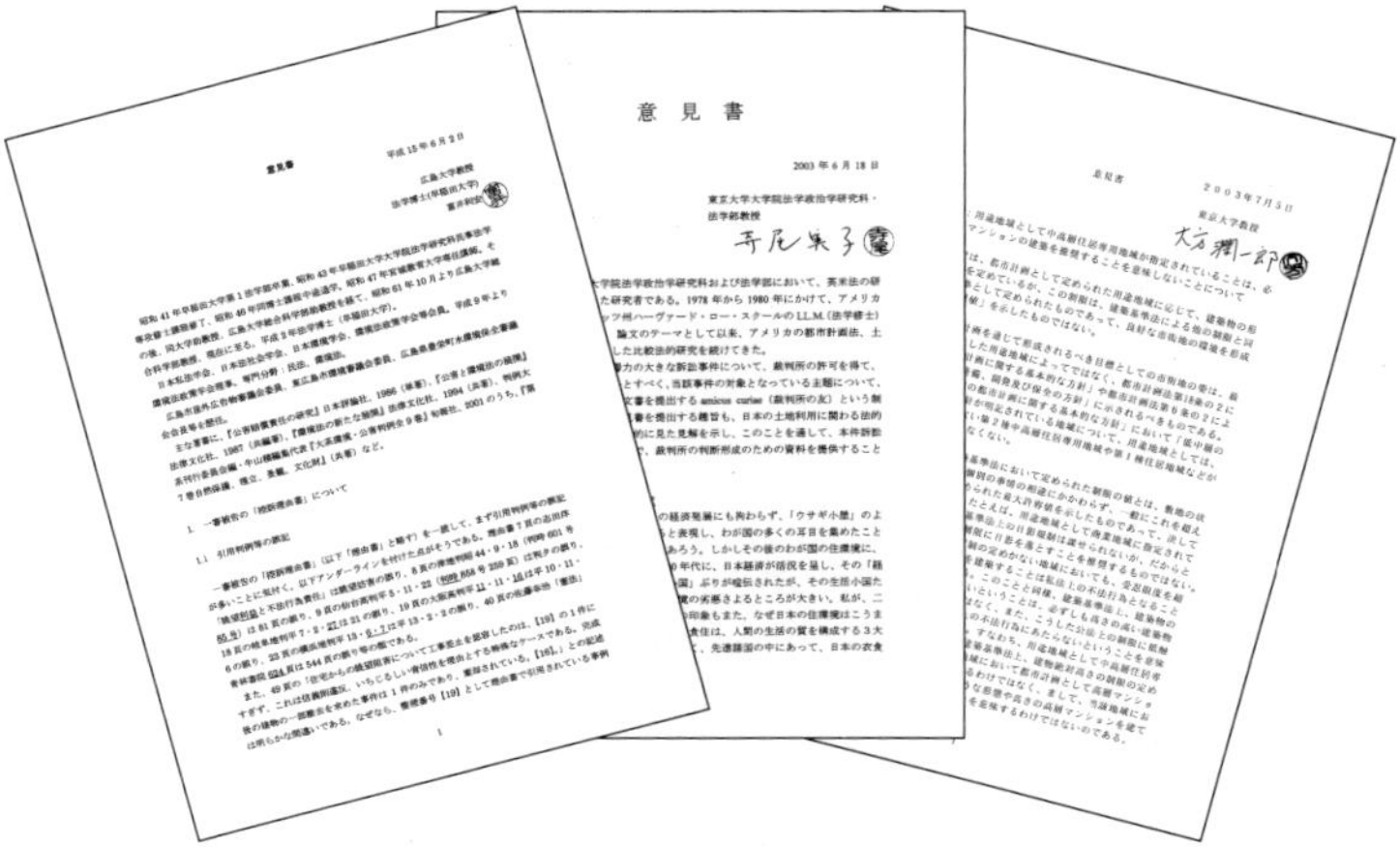

富井・寺尾・大方教授の意見書

感情的なものは建築基準法では規定されていないのです」(こちら側の速記による。以下同)

なんと浅薄《せんぱく》な「景観利益」の解釈かとあきれたが、関発言の真骨頂というか、圧巻というか、われとわが耳を疑ったのは次の発言だった。

「並木、並木と盛んにおっしゃいますが、昭和二二年から撮影されている航空写真を持っておりますが、並木のようなものはありません、昭和四〇年代にも(東京海上の前には)並木などは見あたりません」

昭和初期に市民の手で植えられ、現に立派に根を張って枝を繁らせているサクラとイチョウ並木が昭和四〇年代には存在しなかったと言うのである。昭和二八年ごろに桐朋学園に通っていたこちらの弁護士がたまらず立ち上がって、「当時既に並木があり、私はその下を通って桐朋に通いました」と反論した。

そして、裁判がはじまった当初からわれわれは「明和地所の社長原田利勝氏は法廷で陳述すべきだ」と主張してきたことをこの場でも述べたが、それに対する関弁護士の発言は以下のようなものだった。

「会社は組織で仕事をしているのですから詳細については内容を把握している担当の取締役以下の者が対応すればよいことで、どうしても必要であると裁判所がお考えになるのでしたら担当取締役を用意します。社長をこの場へというのは大勢の傍聴人の前で吊し上げてやろうという意図があるのではないかと思います」

一部上場の会社の社長が、四年にわたって世間を騒がせ、自社の株価にまで深刻な影響を及ぼしているこの件についてそんなに無責任なことで済まされるのか。株式会社における社長の責任を、われわれが法廷の場で追究するのは当然のことではないだろうか。

この日の関弁護士の「並木がなかった」という発言のためにわれわれは、大学通りの並木が国立の開発初期から住人たちによって計画的に植樹され、明和の土地の前も他と区別することなく植樹されていたことを立証しなければならなくなった。昔の写真を集め、文献を探しまくった。そして、イチョウの生育状況を調べるために、桐朋学園の職員は一一七本のイチョウの幹周りを一本一本すべて測り、それを写真に収めるという炎天下の作業を強いられた。

審理が進み、マンション問題の一番の被害者という名目でその購入者が証人に立った。そして、「スルガ銀行とローン契約を結んだ上で入居したが、一か月後桐朋学園の大西理事の圧力により契約を破棄された」と、ありもしないことを証言した。つまり、一五一ページに書いたスルガ銀行訪問のことである。大西さんは、そのような圧力など決してかけてはいない。スルガ銀行のほうも、大西さんの圧力で破棄したのではなく、もともと契約をしていなかったと言っている。

初めのうちこそ購入者に対する「考える会」の不当な制裁だと息巻いていた購入者であったが、こちらの弁護士の指摘によって次第に辻褄が合わなくなってきた。「銀行の担当者の名前は？」と聞かれ、「大西さん」と答え出した。事情を知っている私たちはみんなニヤニヤしはじめた。

そして、「そうだ。その銀行が明和ファイナンス。そうです」と支離滅裂になってきたときには、もう笑いをこらえるのがやっとだった。

明和側の弁護士は慌てて傍聴席にいる明和地所の社員のところへ行き、にわか仕立てのストーリーを一方的にまくし立てて購入者と口裏を合わせようとした。すかさず、こちらの弁護士が「誘導尋問です」と発すると、明和側の弁護士が大声で「妨害です。妨害しないでください」と叫んだ。傍聴席は、たまらず笑いの渦に包まれた。ちなみに、購入者の売買契約書には、明和の子会社である明和ファイナンスから融資を受けていることが記載されていた。

こちら側の証人として、東京大学の西村幸夫先生が立ってくださった。長年にわたって都市景観・歴史的環境の保全をテーマとして研究をされてきた先生である。国立の大学通りの景観の保全について検証されたなかで、「建物の高さを二〇メートル以下にしても本件マンションと同面積同戸数の建設は可能であり、そのうえ採算性の高い事業になる」という論文を学会で発表されていた。

西村先生は、国立市の景観条例の制定の経緯やその内容、そして市民が長く大学通りの景観保全の活動をしてきたことは明和地所としても十分に知り得る事実であり、周囲の街並みや大学通りの景観に調和するように真剣に検討を重ねる必要があったこと、またその余地が十分にあったことを証言してくださった。

われわれが仮処分の申し立てをはじめた平成一二年（二〇〇〇年）の一月から、これまで裁判所に提出した陳述書は一〇〇本に及んでいた。素人が陳述書を書くのはたいへんな作業であったが、みんなが力をふり絞って国立についての自分の思いを心の底から訴えていた。

東京高裁での民事裁判の弁論終結にあたり、大西さんはこれらの陳述書から、その人のもっとも言いたいエッセンスを抜粋して「くにたちの声」と副題を付けた陳述書を提出してくれた。その「はじめに」に、次のように述べられている。

「控訴審の終結に当たり、私は仮処分申立てから今日まで既に提出された陳述書をすべて読みました。私達がこの裁判で何を訴えたかったのか、はっきりと見えてまいりました。一言で申し上げれば、より文化的に生きたい、豊かな環境で子どもたちを教育したい、という願いでした」

これは、のちに挿し絵や年表をつけて冊子にして「考える会」のメンバーや見学者たちに配布することになった。

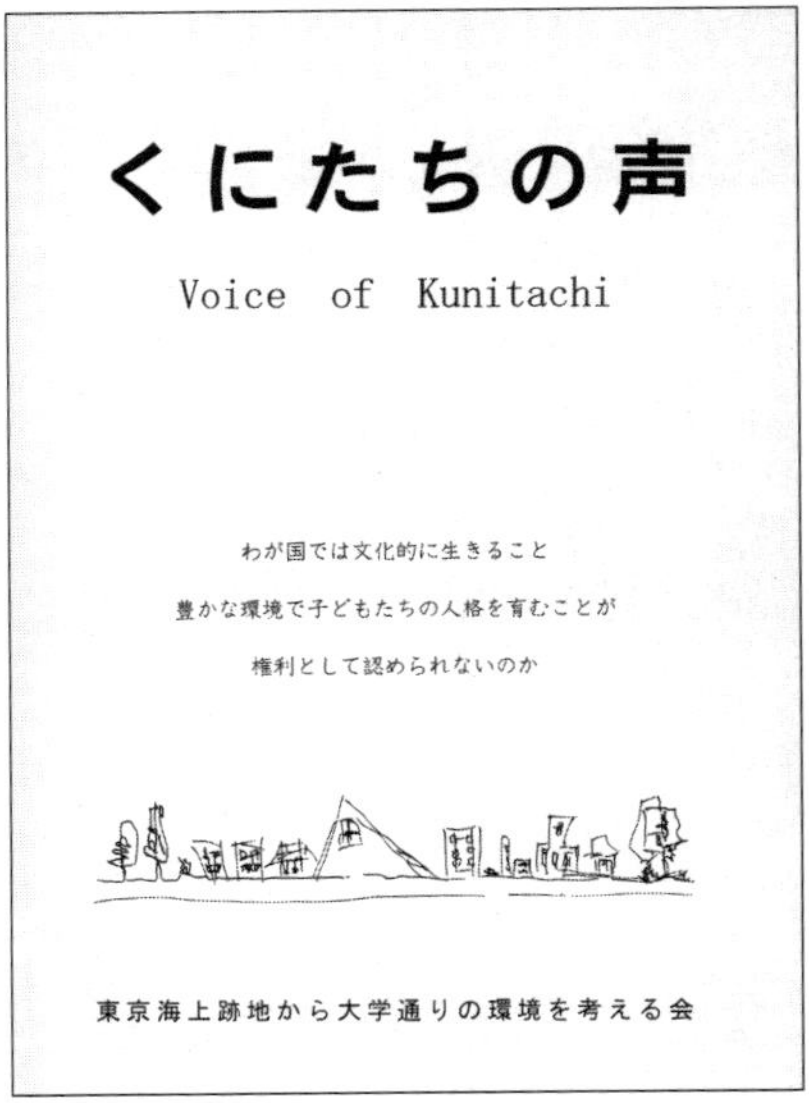
くにたちの声
Voice of Kunitachi
わが国では文化的に生きること
豊かな環境で子どもたちの人格を育むことが
権利として認められないのか
東京海上跡地から大学通りの環境を考える会

「くにたちの声」

明和の捏造――「やらせ地区計画」

東京高裁での民事裁判がはじまって二か月ほど経った平成一五年（二〇〇三年）九月一日、自民党の議員たちによって起こされていた「いやがらせ裁判」の判決が出た。判決は、当然のことながら「原告（自民党議員）らは議会の開催にあくまで反対し、あえて自分らの意思で本件臨時議会に欠席したものといえる」として訴えを棄却した。自民党はさすがに控訴せず、これで「いやがらせ裁判」は終結した。

しかし、国立市の「四億円裁判」は高裁になっても損害論に争点が向いていた。地区計画決定とその条例制定が適法であれば損害はないはずである。疑問に思った大西さんは、この裁判に関するすべての書類を読んで、驚愕の事実に直面した。

明和地所が提出した準備書面では、住民発意の地区計画の成立経緯が捏造され、「国立市が地区計画の原案を作り、それを市の都市計画課の課長が住民を動かして地権者の賛同署名をとらせ、あたかも住民発意と見せかけるために住民から市が用意した地区計画案を提出させた」と「やらせ地区計画」になっていたのである。そして、それを「裏付ける」ために証拠が重要な点で改竄され、勝手な憶測に基づいてシナリオ化され、しかもそのことを一審で国立市側の弁護団が反論をしなかったために藤山裁判長が鵜呑みにし、さらに裁判長の訴訟指揮で明和が条例の無効・取消として提訴したこの事件に損害賠償請求が追加され、四億円の損害賠償命令となっていたのである。

高裁に至ってもこの「やらせ地区計画」がベースとなっていたため、損害論から抜け出せずにいたのである。嘘の主張が前提になっていては、いくら損害論で反論しても勝ち目はない。

そもそも地区計画は、一〇〇ページ以下で詳述したように「考える会」が平成一一年（一九九九年）一〇月二二日に都庁に行き、国立市だけで高さ規制の地区計画が可能であることを聞き、専門家の協力を得て地区計画の素案をつくり、近隣地権者の同意を得て一一月一五日に市長に要望書を提出し、市が検討した結果、一一月二四日に公告縦覧を開始した。目的は、大学通りの景観を守るためである。これが真実であるわけだが、明和の手の込んだ嘘は、そのとき、そのとき、実際にかかわった市長、市の職員、そしてわれわれにしか解明できないことであった。一審の市側の弁護団がこの作業を怠ったのである。

地区計画の成立にもっとも深くかかわった大西さんの指揮のもと、明和マンションが議題となったすべての市の議会録、委員会録、審議会録、そしてわれわれ「考える会」の記録や資料を積み上げ、当時の記憶を確かめながら「明和の書面には一行に一つウソがある」を合言葉にそれらを照らし合わせて、何をもとにどのような改竄、憶測、曲解、飛躍がなされているのかを検証していった。明和は、この四億円裁判がはじまった平成一二年（二〇〇〇年）二月からずっとこの嘘を貫き通して裁判所をすっかり信じ込ませていたのだから、こちら側はそれらを一つ一つ反論し、事実を対置し、真実はこちらにあることを主張しなければならなかった。

二〇〇四年（平成一六年）二月、国立市および補助参加人であるわれわれは膨大な書類を裁判所に提出した。川合さんは「明和のウソ集」、大西さんは「地区計画の真実」、そして上原市長は「大学通りは市民自治のシンボル」という陳述書を書いた。それを見た裁判長が驚いて言った。

「いまごろになってこんなに書類を提出されても。もう判決の骨子をつくりはじめていたのに」

まさに、間一髪であった。

大藤裁判長判決日に欠席

宮岡判決に関する東京高裁の判決が、二〇〇四年一〇月二七日午前一〇時よりついに言い渡されることになった。判決を前にマスコミの取材がはじまり、国立の空をヘリコプターも飛びはじめた。前日の新聞では、「原告『一審より前進を』」、「人生をかけ、街を守り育てた」と各紙が好意的な記事を載せてくれた。一審の撤去判決のあと地域の特性を生かした街づくりが活発になり、景観に対する認識が社会的にも高まっていた。私は、国土交通省の責任者からも、「この判決が景観法制定へと動く直接の動機になった」と聞いた。この裁判は、景観法施行日直前の判決としても全国から注目されていたのである。

しかし、判決の言い渡しの当日、大藤敏裁判長は理由もなく欠席した。通常、病気でもないかぎり欠席はあり得ないと弁護士から聞いていたのだが……。その結果、判決の主文は右陪席の裁判長代理によって読み上げられた。

裁判長代理――一審被告明和地所らの控訴に基づき、原判決中、一審被告明和地所らの敗訴部分を取り消す。一審原告らの請求をいずれも棄却する。一審原告らの控訴をいずれも棄却する。

訴訟費用は、第一、二審とも一審原告らの負担とする。

われわれの完敗であった。大藤判決は、「良好な景観の形成は、行政が主体となり、組織的に整備されるべきものであり、景観に対する個人としての権利性、利益性を承認することは、かえって社会的に調和のとれた良好な景観の形成及び保全を図る上での妨げになることが危惧される」（判決二九～三〇ページ）として、宮岡判決の「景観利益」を全面的に否定した。しかし、行政が公共事業で率先して景観を破壊し、民間業者の景観破壊を黙認・手助けしてきたがゆえに今日のような醜い日本になり、その反省に立って景観法が制定されたのではないのか。まったくもって、時代の流れに逆行する判決だった。

大藤判決が景観利益を否定する理由は以下のようになっている。

「良好な景観を享受する利益は、観望する全ての人々がその感興に応じて感得し得るものであり、これを特定の個人が享受する利益として理解すべきではない」（判決二五ページ）と景観をもっぱら享受だけからとらえ、享受の前提にある形成の側面を見落とし、さらに「景観についての個々人の評価は、極めて多様であり、かつ、主観的であることを免れない」（判決二六ページ）と、評価そのものを主観で片付け、評価の客観性を否定している。これでは、私たちの社会に芸術的評価はありえないということになる。

そして、大学通りの景観形成に関しては次のようになっていた。

「大学通りの景観は……都市計画法に基づく建築物の高さ制限等によって形成されてきたものである。大学通りの地権者らがその形成、維持に協力したことはあったとしても、専ら地権者らによって自主的に形成、維持されてきたものとは認められない」（判決二二ページ）

住民が法律を使い、自己犠牲を引き受けながら景観を形成してきた歴史をまったく認めようとしないものである。一方、明和地所を以下のように擁護している。

「当初の段階では説明会の開催要求に応じなかったけれども、これは近隣住民らの反対運動を必要以上に警戒したことによるものであると考えられる」（判決四二ページ）

「明和地所が……仮に本件建物が大学通りの景観を破壊すると認識していたのであれば、自ら本件建物のセールスポイントを失い、企業の社会的イメージを損なうことになるのであり、企業としてそのような矛盾した行動をとることはあり得ず、明和地所としては、本件建物は大学通りと調和するものであって、景観を破壊するものではないという認識であったことは明らかである」

（判決三二ページ）

「明和地所がとった対応は、高額で取得した本件土地を企業として最大限有効活用し経済的利益を得ようとしたものであって、企業の経済活動としてはやむを得ない側面があったといわざるを得ない」（判決四四ページ）

そして、われわれに対しては次のような内容であった。

「国立市及び住民側は、あくまで大学通りの景観を守る立場から、本件建物の高さを二〇メートル以下に抑制することに腐心する余り一切妥協せず、本件土地が第二種中高層住居専用地域にあることを前提として買い受けた明和地所の立場を配慮する柔軟な姿勢をまったく示さなかった」（判決四三〜四四ページ）

「本件建物の建築過程において、地区計画の決定及び建築制限条例の制定がされず、国立市及び建築に反対する住民らが、高さ二〇メートル制限のみに拘泥しないで、明和地所と粘り強い協議・交渉を重ねていれば、高さの問題に限らず、本件建物全体の仕様について、住民側の要望を踏まえた明和地所の対応が期待できたのではないかとも考えられる」（判決四四〜四五ページ）

この裁判長は、高いところから見下ろして市民の目線のレベルをまったく視野に入れず、そしてその日陰に冷たく暗く悩まされている市民のことは顧みず、現場も見ず、われわれの運動を「近隣住民ら五〇人だけが主張するもの」（判決二一ページ）とし、大企業だからそんなことを考えるはずがないとか、世間で大企業と言われる東証一部の上場会社の悪事の数々が連日紙面を賑わしていることに目をつむり、軸足がまったく大企業に片よってしまっている。こんなナンセンスな判決を受け入れ、承服することはできない。最高裁の判断を仰ぐために、われとわが身にむち打って、裁判を続けようと話し合った。

最高裁への上告と時岡泰先生

最高裁へ提出する「上告理由書」および「上告受理申立理由書」の作成の指導を、われわれの運動をいつも励ましてくださる篠宮力弁護士先生のご尽力で元最高裁の調査官であった時岡泰先生にお願いすることができた。時岡先生は、静かで頼りがいのある方であった。私たちは、弁護団の手伝いで暮れも正月もなく資料づくりに追われた。大西さんは、深夜までに及ぶ作業のなか、「あと少し」、「あと何日」とクタクタになっているみんなを励まし続けてくれた。そして、年明けの平成一七年（二〇〇五年）一月一〇日、「上告理由書」と「上告受理申立理由書」を提出した。

それから半年が過ぎた平成一七年（二〇〇五年）六月二三日、突然、最高裁から通知が来た。

その内容は、東京都相手の行政裁判の決定であった。平成一四年（二〇〇二年）六月七日、東京高裁奥山裁判長の大逆転判決から三年経っていた。結果は「棄却」であった。こうして建物は、建築基準法上は既存不適格止まりとなった。明和のマンションは建て替え、または大規模改修時に、建築条例に適合するよう二〇メートル以下にしなければならない建物となった。

民事の「上告受理申立理由書」の作成をご指導いただいた時岡先生に、市の「四億円裁判」の弁護団にも加わっていただくことになった。先生は私たちが提出した書類をご覧になって、「みなさんの運動には頭が下がります。この運動の一番素晴しいところは住民発意の地区計画です。ですから、これをしっかり主張しましょう」と言ってくださった。

一年前から申請していた証人申請がようやく認められ、上原市長と大西さんと近隣住民が証人として立つことになった。しかし、大西さんはこれまでの心労と過労が重なって二月ごろからひどく体調を崩していた。とはいえ、この四億円裁判に勝つためには、私たちの地区計画にもっとも深くかかわった大西さんの証言がどうしても必要だった。われわれは、地区計画を認めてもらうために大西さんの証言に賭けた。

証言の準備は、たいへんという一言では片づけられないものだった。途中、大西さんは、「今日は、もうこれ以上頭が動きません」とその準備を中断せざるをえないこともあった。そんな大西さんが無理を押して証言してくれた。平成一七年（二〇〇五年）八月一七日、地区計画の真実が初めて法廷で明らかになった瞬間であり、それは尋問担当の後藤邦春弁護士によると「完璧な証言」だった。

「四億円裁判」の根本判決

平成一七年（二〇〇五年）一二月一九日、東京高等裁判所で根本裁判長の声が凛と響きわたった。

根本裁判長——第一審原告（明和地所）の控訴を棄却する。

瞬間、「やった」と、思わず私は心のなかで叫んだ。判決は以下の通りである。

「本件地区計画及び本件条例が本件建物の建築阻止を主要な目的としたものであったとしても、その内容は、…一審原告だけが本件地区計画の影響を受けるわけではない。…仮に、平成一二年一月二四日に本件地区計画が決定されず、同月三一日に本件条例が成立しなかったとしても、その後において、これらと同内容の規制がなされる可能性は十分存在し、かつ、これらの規制は有効・適法であると考えられる。そうだとすると、本件地区計画及び本件条例の内容自体について

は、その違法を問うことは困難といわざるを得ない」（判決七五～七六ページ）

地区計画および建築条例が、有効・適法であると認められたのだ。三億五〇〇〇万円は〇《ゼロ》になり、初期の目的を果したと胸をなで下ろした。しかし、国立市と市長の営業妨害、信用毀損に関しては二五〇〇万円の損害賠償が命じられた。上原市長はこの点を不服として、一二月二七日に臨時市議会を召集して上告の是非を議会に諮った。市議会は「一二対九」でこれを否決し、市長は上告を断念せざるを得なくなった。

われわれは市議会の審議を見守っていた。本来なら、損害賠償額〇《ゼロ》をめざして最高裁に上告するのが筋なのに、市議会はなぜかそれを否決した。あとで聞いた話によると、当日の臨時議会で、ある自民党の議員は普段使い慣れない裁判用語を駆使して市長に反対し、傍聴していた市民にはどうも不思議だったようだ。たまたま休憩時、上原市長とこちらの弁護士が議会応接室で判決文を広げている明和の社員を見つけた。この裁判の証人に立った人物だった。市長が問いつめると、関文夫議長に招き入れられて待機していると言いつつ、逃げるように部屋を後にしたそうだ。

自民党の議員と明和地所の不明朗な関係をまざまざと見せつけられ、「驚き」と「やはりそうだったのか」と思い、そうであるならばこの事実を国立市民に知らせ、歪んだ市議会を改めさせる必要があるのではないかと考えて、異例なことであるが、この裁判に補助参加人として参加していた私と四人の国立市民が最高裁に上告をしたのだ。

判決前の不愉快な報道

平成一八年（二〇〇六）三月一六日、民事裁判の「判決言渡期日通知」が届いた。「最高裁判所第一小法廷」と記され、「平成一八年三月三〇日（木曜日）午後三時〇〇分」と指定されていた。

これを受けて「考える会」は、事務局会議を開いて号外の準備をし、当日の判決後の報告会場の手配などを検討した。と同時に、新聞社からの取材がはじまった。三〇日に判決が出るというのに、気の早い新聞は翌一七日の見出しに「住民側の敗訴確定へ」（日本経済新聞）、「住民敗訴確定へ」（毎日新聞）と書いた。そして、最高裁の判決を一日千秋の思いで待っていた私に対して、毎日新聞は電話でしつこく、「弁論が開かれないままに判決が出るのだから、敗訴が確定したということだから、代表の意見を聞きたい」と言ってきた。

胸がつぶれそうな気持ちで待っている私のところに、「敗訴確定」の文字を突き付けてくる。これでは、まるで死期が迫って一縷の望みを託している病人を絶望に追いやるようなものだ。私の立場としては、口が腐ってもこれを認めたくない。それなのに、繰り返し、繰り返し執拗に意見を求めてくる。こちらは「しゃべりたくない」、「はっきり判決が言い渡されたあとでしか話せない」と言ってもなかなか聞き入れてもらえなかった。まるで、新聞記者が何か特権をもっているかのような不愉快極まりない取材だった。せめて、朝日新聞の「住民敗訴の公算」くらいにしておいて欲しかった。

なぜこんなことをくどくど書くかというと、いまの報道の姿勢に、血の通わない、一方的に人の心をえぐるようなことを平気でやる気風があると感じるからだ。「嫌だ」と言う者に、しかも「はっきりしたらコメントする」と言っているのに、こんな厚かましいやり方は許せなかった。


いよいよ、三月三〇日の判決の日が来た。当日は、曇り空でコートが欲しい気温だった。三時からだが、二時前にはみんな最高裁の南門に着いていた。なかなか厳しい入場者制限があり、当事者席一〇名、特別席一〇名はあらかじめ用意されていたが、残りの二八席は抽選であった。

最高裁という名の建物の外観はナバロンの要塞のような威容で、あたりをへい睨している。最後の砦となって、押しよせる人の波を撃退する風でもある。どんなに強い表現でも表し切れない、人が触れれば傷つく建物のように感じる。

係官の誘導で、石の階段を踏みしめながら建物のなかに入った。まず、「私物」をロッカーに預け、さらに誘導されながら、右へ曲がったり左へ曲がったりと迷宮よろしく設計された、いつ果てるとも知れない石の廊下を進み、やっと目的の第一小法廷に入った。裁判官の席は入って左の上、われわれはずっと下の位置で、私は当事者席の二列目の席に腰を下ろした。

係官から、「裁判官が入場なさったら起立して一礼すること」、「二分間のテレビ撮影の間は静粛に」という指示があった。空気は乾き、しわぶき一つするのもはばかられ、緊張を極度に強いる演出のもとにいよいよ最高裁の裁判官が入場した。

真ん中に座った裁判長の甲斐中辰夫裁判官の左右に、二名ずつの布陣で他の裁判官が並んだ。

テレビ撮影が終わった。そして、裁判長から判決が言い渡された。

甲斐中裁判長――本件上告を棄却する。上告費用は上告人らの負担とする。以上。

これだけだった。あまりにもあっけなかった。この文言のほうが、テレビの二分間よりはるかに短かかった。あぁ、これが最高裁判所の判決なのか、と腰をかけたまましばし茫

最高裁判所西門（写真提供：吉田宏一）

然とした。

弁護士の先生方と霞ヶ関の弁護士会館の部屋へ移り、判決文を検討した。後藤弁護士が、「大学通りは、整備された経緯や街路樹と建物の高さとの調和などから、近接居住者の良好な景観の恩恵を受ける利益（景観利益）は法的保護に値するとしながらも、今回の場合は景観利益への違法な侵害はないので、あの建物は（二〇メートル超）撤去できなかった」と説明してくださった。

四時の霞ヶ関の司法記者クラブでの記者会見を控えて私は、最高裁がはっきりと「良好な景観の恵沢を享受する利益（景観利益）は、法律上保護に値する」（判決一〇ページ）という見解を打ち出したことは、七年にわたる運動のなかで勝ち取ったもので、これまでのことを思うと胸に込み上げてくるものがあった。そして、裁判がはじまったころに、友人から「この裁判は橋のないところに橋をかけるような仕事だけに、頑張る甲斐がある」と励まされたことがいまさらのごとくよみがえってきた。最高裁の初の「景観」に対する判決は、われわれの立場から言えば遅きでかつドラマチックとは言いがたいが、われわれの熱意が伝わり、そっと背中を押してくれたような気がした。だが、撤去が叶わなかったことは残念で、国立市民には申し訳ない思いでいっぱいだった。

記者クラブには新聞記者がぎっしり詰めていて、カメラの放列とライトがまばゆいばかりであった。

●「棄却」でも贈り物――原告側「景観保全の第一歩」（読売新聞・三月三一日）
●保護認められた「景観利益」――原告住民悔しさの中にも達成感（毎日新聞・同日）
●住民「画期的な判決」――景観利益認められ（朝日新聞・同日）
●「景観保全へ前進」――原告、棄却でも笑顔（毎日新聞・同日）
●「景観利益に市民権」――原告住民ら判決高く評価（東京新聞・同日）
●「景観利益」法の保護対象――最高裁判決住民の敗訴は確定（日本経済新聞・同日）

これらは、翌日の新聞の見出しであった。そして、大方潤一郎先生からは、「小局は失ったものの、大局で勝利したといえそうです。おめでとうございます」というお祝いのメールをい

朝日新聞　2006年（平成18年）3月31日　金曜日

「景観利益は保護」最高裁初判断

国立マンション訴訟

住民の上告は棄却

東京都国立市の「大学通り」沿いの14階建てマンション（高さ約44㍍）をめぐり、地元の住民が「景観が壊された」と建築主の「明和地所」（渋谷区）などを相手に、上層部の撤去などを求めた訴訟の上告審判決が30日、あった。最高裁第一小法廷（甲斐中辰夫裁判長）は、「良好な景観の恩恵を受ける利益（景観利益）は法的保護に値する」とする初めての判断を示した。だが、今回の場合は「利益への違法な侵害はない」として、住民側の上告を棄却。住民側の敗訴が確定した。

第一小法廷は景観について「歴史的、文化的環境を形作り、豊かな生活環境を構成する場合には客観的な価値がある」と指摘。憲法の幸福追求権をベースに地域住民には「景観利益」があると認め、景観被害をめぐって住民が裁判で回復を求める道を開いた。

一方で、利益が違法に侵害されたと言うためには、「侵害行為が法令や公序良俗に反したり、権利の乱用に当たるなど、社会的に認められた行為としての相当性を欠く程度のものでなければならない」と、被害救済には高いハードルを設けた。

「大学通り」については、整備された経緯や街路樹と建物の高さの調和などから「景観利益がある」と判断。だが市には当時、高さなどを規制する条例はなく、建物自体に法令違反もないため、「容積と高さを除けば、調和を乱すような点はない」として、景観利益の侵害はないと結論づけた。

この訴訟では、一審・東京地裁判決が「地権者の景観利益を侵害する」として、通りに面した棟の20㍍を超える部分（7階以上）の撤去を命じたが、二審で覆された。

朝日新聞（2006年3月31日）

ただいた。

六年間の裁判を振り返って――地区計画と景観利益を勝ち取った

国立のマンション裁判は、大きな二つのものを勝ち取った。

一つは、「建築阻止を主要な目的としたものであったとしても、本件地区計画及び本件条例の内容自体については、その違法を問うことは困難といわざるを得ない」という根本判決である。建築阻止を主要な目的とした地区計画でも違法を問うことは困難である、との意味は大きい。まち破壊に対しては、計画が明らかになってからでも決して遅くはない。地区計画・建築条例によって、住民が自分たちのまちを守る手段が高裁でオーソライズされたのである。明和は、この判決を上告していない。したがって、この部分は確定判決になっている。

もう一つは、最高裁が「良好な景観に近接する地域内に居住し、その恵沢を日常的に享受している者が有する良好な景観を享受する利益（景観利益）は、法律上保護に値する」と、個人の景観利益を認めたことである。言うまでもなく、この意味も大きい。

「地区計画」が事前に景観を守る手段であるのに対し、「景観利益」は事後でも守れる手段である。平成一二年（二〇〇〇年）一月から平成一八年（二〇〇六年）三月までの六年間に及んだ国立のマンション裁判は、市民運動にとって大きな二つの武器、すなわち「地区計画」と「景観利益」を準備したことになる。

私のこれまでの生涯で、裁判沙汰になるようなことに直面したことはなかったし、もちろん裁判所にもご縁がなかった。裁判所というものは、建物通り権威そのものだという認識だった。三権分立のなかで司法の重みは十二分に理解しているつもりだったが、一つの事件がいくつもの裁判にかかるという事態になってくると、ＮＰＯ的な運動にとっては、それに必要な煩雑な手続き、そしてその時間とエネルギーを枯渇しないような配慮が必要だとわかった。誰かが核になって事件の足どりを確かめながら、長期の展望をもち、方向を間違えることなく導くことがいかに大切かを、その場では気付かなくてもあとで思うことがしばしばあった。

私は裁判についてはまったくの素人であったし、法律についても強くなかったから、桐朋学園の大西信也理事の適確なアドバイスと、率先して行政官庁へアタックして脇を固めて駒を進める手法には本当に頭が下がった。率直に言って、この人の力がなかったら今日の成果は到底望めなかっただろう。

また、運動を続けているうちに、相手が大企業である場合は（この場合が多い）話し合いという手段がほとんど使われず、法廷闘争にもち込まれることが多いこともわかった。私も、このように長期闘争になるとは考えておらず、初めは仮処分の申し立てであれば結論が早く出るし、進行している工事も簡単に止めることができると踏んでいたが、世の中はそんな甘いものではなかった。裁判にもち込まれて違法建築だと判決が下っても、明和地所は裁判所の裁定には従わず、どんどん工事を進めていき、なすすべもなく見守ることしかできなかった。

一旦工事がはじまったら、これを途中で止めることができない理由を東京都から何回聞かされても納得できず、無力感に襲われた。本当にこんなことが許されていいのだろうかと、幾度となく考えた。あとでわかったことだが、それには行政指導をしている都を相手取って訴訟を起こし、これに勝たねば止まらないということであった。しかし、考えればこれも住民側の負担増になってしまう。

私たちの経験から、これから運動をはじめる人たちにも、これから法廷にもち込もうとしている人たちにも参考になると思うのは、運動を続けていくからには否が応でも裁判所の存在は無視できないし、それにともなって弁護士も必要となってくる。運動そのものを裁判所という公の舞台に乗せて闘うからには、自分たちのパワーだけでなく相当な覚悟がいるということである。それでいて裁判での結論は、いつも私たちにとってかなり違和感のある歯切れのよくないものだ。そう、すかっとしないものなのだ。

裁判所の仕組みは、第一段階は地方裁判所（われわれは八王子）、第二段階は（中央の）東京高等裁判所に移り、第三段階最終段階は最高裁判所となっている。それぞれの段階で判決に不満が残ればその上の段階へもちあげられるのでいかにも公正にバランスをとったシステムのようであるが、そこに裁判官個人の資質が加わるために、必ずしも筋の通ったものになっているとは言いがたい。

今回の経験で、私はいままでとまったく違う関心を裁判に対してもつようになった。まず、新聞記事のなかでいままではすっ飛ばしていた裁判に関する記事をよく注意して見るようになり、とくに裁判官の名前を見逃さないようにして、誰がどんな判決を下しているのかを注意深く読むようになった。私が注目している裁判官は、例外なく別の案件でも「なるほど！」と納得のゆく判断をされているのを見るにつけ、優れた裁判官にめぐり会えたということがこの運動のためにも幸運だったと思う。

地裁→高裁→最高裁、この行方をしっかりと見すえて、法治国家の司法の真髄をわれわれもしっかりと見ていかなければならない。

裁判所に考えてもらいたいこと

日本の司法制度を云々できるほど知識はないが、今回のように不動産業者との闘争になる場合、対立構造は「大企業VS市民団体」という構図に必ずといっていいほどなる。その場合、長期化すればするほど次ページの表のような差が生じてくると思われる。

初めからハンディのある市民運動と大企業を同列にして、公正な判断を下すことができるのだろうか。同じレベルで論ずるには不公平すぎる。相手は、初めからゲタを履いているのではないだろうか。そういう市民レベルに、温かい目を向ける裁判所であって欲しい。日本はあまりにも企業社会になりすぎていて、社会全体が「株式会社日本」という状態で、一人ひとりの自立した単位で成り立っている市民運動は切り捨てられているようで、「正義」とか「公平」とかといった裁判にもっとも必要な価値観はいったいどこへ行ったのだろうかと思う。是非、「市民による、市民のための公正な裁判所」であって欲しい。そして、この日本に生きていてよかったと思えるように市民の願いに耳を傾けて欲しい。

さらに、裁判所は高いところから市民運動を見下ろすのはやめ、偏見を捨てて欲しい。市民の目線に立って、その意図するところに耳を傾けて欲しい。市民運動を見下げ、取るに足らない少人数の集合だという見方で判断するのは断じてやめて欲しい。その気持ちこそが、草の根の民主主義を否定することになるのだ。ほかの市民運動でもそうだが、われわれの場合も、守るべき順当な手続きも踏まずに土足で「国立《くにたち》」の聖域に踏み込んだ一開発業者「明和地所」に対する怒りを覚え、黙っておられない感情を共通の思いとしてスタートした、志のある誇り高い運動であることを知って欲しい。

絶大な権力をもつ裁判官に対して、いまの日本の社会のひずみを是正し、嘘を叩き、正義に耳を傾けて、と言いたいことが山ほどある。しかし、そのなかでも、時代の流れを読み、市民の関心事を汲み上げようと努めてくださった裁判官も少数はいらっしゃる。仮処分の江見弘武裁判長、行政裁判の市村陽典裁判長、民事裁判の宮岡章裁判長はいずれも現場をよくご存知で、また現場を見に来てくださり、私たちの訴えに耳を傾けてくださった。したがって、この方々の決定・判決は納得のゆくものだった。

しかし、その一方で行政にべったりであったり、大企業にしか目が向いていていない裁判官もいらした。

弁護士――われわれの苦い経験から

裁判で、大きな役割を果すのが弁護士である。これこそが重要なポイントである。また弁護士は、本来、依頼人であるわれわれの意思を尊重して弁護を行うものであるから、その選任は慎重に行わなければならない。また、評判も無視できない。

依頼人と弁護士の関係は一つの目標に向かって走る二人三脚

表　企業と裁判を闘うにはハンディがある

企業側	市民団体
●高名な弁護士を（高額で？）雇う ●社員を数名担当に当てる（成功すれば会社での地位も安泰） ●豊富な宣伝費は使い放題で、身銭《みぜに》を切る必要がない	●弁護士を頼むにも限界がある ●ボランティアでの参加となり、休日は返上。そのうえ活動は時間外になり夜遅くまで ●一人ひとりの資金とカンパにはかぎりがある

のような関係で、二人揃って裁判で相手に勝たなければならないことが絶対命題となる。呼吸が合わないと、いわゆる信頼関係が成立しなければ勝てる裁判も勝てない。

裁判に勝つためには、まずわれわれ側に真実と正義があり、次にそれを裁判の場で具現化する熱意と手腕が弁護士に必要とされる。こう考えると、弁護士の役割の重要性はきわめて大きく、かつ重いものとなる。そのことを漠然とわかっていながら、その選任に時間もエネルギーもかけないで、案外あっさりと成り行きで決めてしまうことが多いようにも思う。こうなると、裁判が長期化すればするほど危険な信号が点滅することになる。

議論の過程で一つの結論を出すにも、その人の人格がかぎりなく反映される。志をもった運動であればあるほど強い使命感をもち、揺るぎない信念のもとで行

表　弁護士選任のヒント

- われわれの意思を尊重してくれる人を探す
- 運動を理解してくれる人物かどうかを見極める
- 人柄、人物を見極め、信頼できる人物を探す。テレビで見るペリーメースンのような弁護士は理想であるが、実在しないと思って間違いない
- 弁護士に頼めばすべてうまく行くものではない
- あなた任せにしてはいけない
- 言いなりになってはいけない
- 弁護士だからといって安易に信用してはいけない
- 常日ごろの生活のなかで弁護士と付き合う

動することになるから、衝突して火花を散らすこともあろう。だからこそ、信頼できる弁護士を選ばなければならない。人間、どんなときにも信ずる気持ちに支えられている。ことに、人間の生死に深くかかわる医者、弁護士は、全人格的な信頼を強く求められて当然だと思う。その選任に、労を惜しんではならない。

第4章

市民運動

昔日の面影のない赤い三角屋根の国立駅舎（写真提供：吉田宏一）

市民運動の原点

国立の聖域に無作法に侵入してきた明和地所に対して、われわれの心が踏みにじられ、絶対に許せないという気持ちをもった一八の団体の人々が集まった。定年退職をした人、まだ現役の人、大学の先生、組合出身の人、服飾デザイナー、老若男女、年齢も育ち（バックグラウンド）も違う人たちが憤然と立ち上がったのである。そして、あの巨大なマンションに対してひるまず、市民一人ひとりがたぎる思いをもって手をつなぎ、一つの運動へと広がっていった。

ついこの間まで（戦前）の日本は、市民とか個人の自立をいう前に「〇〇家」と家族単位でくくられ、個人のよって立つところは家を中心とした序列があって、ある意味、個を主張することはその序列を乱すことにもつながり、何か否定的なイメージをもたれ、「市民」という意識が育つ素地がまったくなかったと言ってよいと思う。戦争に敗けて、初めて「天は人の上に人をつくらず」と個々の人間の存在を意識するようになり、個人を最小の単位とする市民運動が徐々に醸成されてきたと思う。だから、個人の集合体である市民運動は典型的な戦後民主主義がもたらした社会現象だと思う。私は、市民運動こそ一人ひとりが自立した市民社会の芽生えであり、民主主義の基本であるととらえるべきだと思っている。

運動を長続きさせるためには

運動は、一直線に上方指向には進まず、必ず波がある。同志の小さな集まりが時を経て大きなうねりになり、ときには静かに停滞し、またあるときは消滅分散の危機に瀕する。私自身この運動にかかわりをもって、「打倒明和」という精神的な高揚段階から建築工事の現場の進捗状況につれて情報もガセネタ的なものを含めてさまざまな切り口の断片が耳に入ってきて、「もうダメだ」、「もう無駄な抵抗はやめよう」、「あそこまで進んだら止めさせられないでしょう」と敗戦気分が漂い、顔色が冴えなくて気力が萎えてあきらめムードが蔓延するという段階も幾度となく経験した。これは、運動の危険信号であり危機なのだ。この局面でこそ精神的な強さが要求されるし、仲間の連帯意識による励ましが一番心強いものとなる。

私は人から、「どうしてこんなに長く運動が続いているの。その秘密は？」とたびたび聞かれた。それに対しては、「マンション阻止・大通りの景観を守るという誰の目にもはっきりとわかる具体的な目標があったこと」と答えてきた。

運動においては、それぞれバックグラウンドが違い、男女差だけでなくこの運動にかける温度差もあるために決して一筋縄ではいかない。大切なことは、人と人との出会い、人と人との対話、そしてそれぞれのメンバーとの意見交換である。紙の上や電話だけでなく、コアになるのは直接話法というか、メンバーが顔を合わせて目を見、言葉を交わすことから運動ははじまる。

さらに、組織に栄養を与えるものは情報である。情報は共有することで仲間同士の接着剤の役割を果たしてくれる。定期的に（一週間に一回）集まり、その間のそれぞれの情報を持ちよって交換し、その詳細を検討する。運動の現時点での報告と情報の共有が何にも増して大切である。言ってみれば、ここから運動のエネルギーがつくり出されて伝播していくわけである。

裁判所が「違法建築」と言っても、一向に手をゆるめなかった明和地所。それでもそれにくじけず抵抗するには、一人ひとりがデモンのささやきに負けないことである。サバイバルゲームのように、誰かが欠けてもほかの人があきらめずに進んでいくことだ。動きは瞬時もやめてはいけない。夢のなかで足が泥に埋まり、そこから抜け出そうとするがなかなか思うようにはいかない、あの焦躁感に似ている。下ばかり向いていては消耗する。だから、目を上げて肩を組む。誰かが邪魔をしようとしたって、それにわずらわされずに進んでいこう。泥沼から抜け出すには、みんなといっしょに声をかけ合って行動することである。そう、アクションを起こすことである。

リーダーは常にその目標に対する熱い思いを語り、それぞれの魂に火をつける努力が必要となる。それには忍耐力がとても大切である。何度も言うように、運動は一人では闘えない。それぞれが、手をつないで進むという意識が大切だ。と同時に、頼むにたりる仲間をつくらなければならない。これは、組織対組織、会社対会社の闘いのときにはとくに大切なコアとなる。第2章で書いたダイエー問題に直面したとき、ジャーナリストだった主人が、「喧嘩するなら腰を入れて徹底的にやれ！　同じ志の者が三人いれば必ず成功する。自分のことは考えないこと」とアドバイスをして励してくれた。この言葉は、このたびのマンション闘争にも見事にあてはまった。リーダーは、常に現場の中心にいることを心がけることが大切である。

日常の活動――前後左右に気を配る

定例の一五、六人の事務局会議は、初めのうちは週一回のペースで行い、七年間で二三〇回を超えた。一年に一回は大きなイベントを打った。マンションが建ちはじめると、連日の駅頭でのビラ配り、国立の全家庭へのビラ配布、横断幕、立て看板に会のエネルギーを表現しながら街頭でデモンストレーションを繰り返す。この手配をするためには時間と人手が必要だし、一定の場所が確保されなければその打ち合わせもできない。われわれの場合、桐朋学園の会議室が本当にありがたかった。

明和地所へ、計画見直しを申し入れること約一〇回。国立市民のコンセンサスを得るために市議会に対する陳情。市議会には党会派別の構成があり、これがなかなか一筋縄でいかない。同時に、建築確認にからんで立川にある東京都の多摩西部建築指導事務所に出かける。いくつもの糸がからみあっているため、徐々に複雑な複眼的な思考と行動が要求されるようになっていった。

大会社ならそれぞれ担当者がいて、市議会対策とか地元活動家対策とか手分けをして動くのであろうが、われわれのようにかぎられた小人数で、かつそれぞれが会社や組織に属し勤めているような状況では、夜の七時～一〇時、場合によっては深夜にまで及ぶことも珍しくない時間に意見交換をしてそのための作戦を練らなければならなかった。

現実に起きていることを相手にわからせるためには、面会を求め、朝一番に仲間に声をかけて担当者のところに出かけなければならない。早朝の時間でなければ役所の担当者は消えてしまう危険性があるのだ。いまでも忘れない、足を運ぶことで得られた最初の収穫は、多摩西部事務所の所長の面会日程表に「明和地所」と書いてあるのを見つけた瞬間だった。やはりそうかと、大企業優先で仕事が進められていることがよくわかった。

マンション建設の計画を知らされて上げた叫び声のとき、行き先の目途もたたない一人ひとりは力もなく、はなはだ頼りないものだった。市役所の担当者を、果ては東京都の多摩西部事務所の担当官を訪ねてわれわれの思いと実情を訴えに行きはじめたころから、自分のこれまでの政府機関・東京都での諮問委員の経験からお役所は市民の味方だと思っていた私は、なんと甘っちょろい幻想をもち、実態をあまりにも知らなかったことに気づいた。わが身が情けなく、同時に私たちの税金を使う立場の人間がこんな態度をわれわれに対してとっていいのだろうかと思いはじめ、むしろすすんで何度でも足を運んで彼らにそれをわからせなければならないのではないかと使命感をもつようになっていった。

勤めに差し支えないように時間をやり繰りし、相手の時間に合わせて面会を求めるということは、根気と意地だけでなく体力の限界への挑戦でもあった。しかし、こういう前後左右に気を配らなければ十分な活動とは言えないことが次第にわかってきた。

署名活動とビラ配り

運動を推し進めるうえで、促進剤でもありエンジンとして欠かせないのが署名活動であり、ビラ配りである。この活動は、海に泳ぐ魚影に向かって網をかけるような感じがするが、それで手応えを十分感じ取ることができる。街頭署名の場合、足を止めてペンをとってもらって署名をしてもらう、この動作の間に主旨を理解していただくために思いを込めて話す。一度に大きな収穫は望めないが、これを続けることには意義がある。隣り近所の方々だけではなかなか手応えがつかめないのだ。署名活動は人々に何かを訴えようとしているのだというインパクトがあるし、われわれの姿も人の目に残るはずだ。いつだったか、ある弁護士が車のなかから背中の丸い老婆が街頭でビラを配る姿に心を動かされて弁護を引き受けたという話を聞いて、外へ出て訴えるビラまきや署名活動には、直接に関係のない人に対してもその人の視覚に訴える力があるように思った。

民主主義のよって立つところは一人ひとりの意思表示が基本にある。市町村の小さな単位でも、政治や行政にかかわる人はこれを軽んじてはならない。署名は一種の直訴であるのだから、何が言いたいのかに耳を傾け、人の気持ちを大切にする温かい人を期待する。また、そういう人がトップに立つべきである。

裁判の進行につれて一喜一憂に揺れる思いを抱き、お互いに励ましあいながらその道の知識のある方を訪ねたり、友人の弁護士を訪ねたりと手さぐりで暗夜を行く思いのとき、駅頭でビラ配りをすればそこを通る勤め帰りのサラリーマンやOLなどの人からわざわざそばによって来て「ガンバッテください」と言われると、本当に涙の出るほど嬉しい。逆に、同じ国立で環境の恩恵に浴したであろう先輩に、「君の生きているうちに解決するとは思えない」という言葉をあびせかけられると、「何を!」と、「その言葉一生忘れないぞ」と心に留めることになる。

しかし、裁判の判決が出れば人々の関心度が高くなり、ビラのはけがよくなる。また、やはりビラ配りの人数は多いほうが元気が出てくる。勤め帰りに合流してくれる仲間もいたし、桐朋学園の先生方は常に数人が出てきて声を出してビラ配りに参加してくださった。生徒の手前を考える若い先生もいらっしゃるであろうに、実にすがすがしい印象を受けた。

✧ 時代という風が背中を押してくれている

古人は、闘いの場で勝利するには「天の時」、「地の利」、「人の和」が大切であると説くが、これはこの運動についてもあてはまった。「地の利」は、先にも述べたように、明和マンションの北側にある桐朋学園の会議室が使えたことである。あのマンションを見据えながら対策会議を続けた。そして、「人の和」は、第3章でも述べたように、近隣住民を無視して説明会を拒否し、初めから住民を原告よばわりし、誠意のかけらも示さないあまりの非常識な明和の態度に憤慨し、大学通りを守りたいという共通の強い思いで結ばれた仲間たちがいた。

最後の「天の時」について言えば、時代の風が背中を押してくれていることをしみじみと感じた。それは、ひと昔前の日本の高度成長期であれば荒々しく無批判に建設至上主義がまかり通ったのだが、いま落着いて周りを見まわしてみると、不動産景気で列島改造が進んでいる間に日本がいつの間にか、かけがえのない自然環境を次々と破壊して荒廃の道を歩んでいることに気付きはじめた。時代の流れとその潮流は、日本の国のありようを、そのスピードと規模のぶざまさを反省し、次の世代を意識のなかに入れなければならない瀬戸際に立ったときと私たちの運動は合致した。もっと言えば、それを一歩先取りしたとさえ思う。私たちの国の森やみどりは、ほかの誰でもない、私たち日本人の心で守っていかなければならないのだ。

強力な伴走者

私たちの運動は、太い紐を編み込んだ縄のように、目に見える運動のほかに強力な伴走者がいた。その一つが、桐朋の小学校、中学校、高等学校のPTAを一つにまとめた「子ども達の教育環境を守る会」である。この運動を通じて、われわれ「考える会」を有形無形にサポートしてくれた決して忘れることのできない力強い存在だった。その数において、そしてその質の高さにおいて、運動のなかでも際立って光を放っていた。その中核的な存在が川合智子さんと中村知子さんの二人であり、呼吸を合わせて言葉を伝え、足でかせいでPTAを鼓舞し、私たちを力づけてくれた。

初期の段階では予想される危険や実害の指摘、販売の段階では重要事項説明書に書いておくべき事柄の検討や要望のために文部科学省、国土交通省、東京都、市役所へと出かけ、なおかつ年に一回は開催したシンポジウムでは必ず広い会場を埋め尽くすだけの人数を集め、さらに地裁、高裁の裁判所の大法廷にも参加を呼びかけ、みんなと共感しながらこの運動を後押ししてくれた。さらに、この二人の機動力は、あの難しい裁判のやり取りを法廷の場で速記をしながら聞き取り、その日のうちに「守る会だより」にまとめて情報を流すという手際のよさであった。さすが、桐朋学園にお子さんを入れていらっしゃるPTAの質の高さには恐れ入った。

宮岡判決後、この運動の名が広がっていくにつれて、次第に「現場で本当の話を聞かせてほしい」という要請が大学のゼミナール単位で増えていった。そのたびに、毎回、川合さんは国立の駅前で来訪者と待ち合わせて、国立の住民の景観、環境を守るための取り組みの歴史を話しながら、駅前から大学通りのみどりの並木道を歩いて体で感じていただいて現場の明和マンションに向かった。いかに、この大学通りにあの建物が不釣合いであるかを実感していただいたわけだ。その間約一時間半、これを、毎回、川合さんは「バスガイド」よろしくやってくれたのだ。

その後、桐朋学園の会議室で大西さんと私が加わり、このマンション紛争の初めからのいきさつと、間違った報道による訂正を含めて約二時間かけて話した。たいてい土曜日の午後で、合計すると何十回となった。このように、頻繁に行われた深夜に及ぶ弁護団会議のときも、いつも川合さんは私の横にいてくれた。そして、事のいきさつ、ときには振り返ってポイントになるところを示してくれ、難しい裁判用語を暗記してくれる生きたテープレコーダーであった。

その川合さんはピアノの先生である。私は、ピアノの楽譜の難しさを指先まで伝える神経は、法律用語を噛み砕く神経と通ずるのではないかとつくづく感心させられた。初めはまったく私と同様に法律に素人だったこの人が、七年近くなってみると見事玄人芸にまで成長していた。まさに、刮目に値することだ。そして、緻密な神経を張り巡らし、必要と思ったら間髪を入れずに実行に移す行動力と、言いっ放しのこの世の中で、すべてわがことと受け止めてゆるがせにしない心構えには敬服するばかりである。

集まりのなかで話題になったステッカーと歌

人間の集合体にはシンボルが必要だ。大げさなものではなく、マークでも目印でもいい。理屈が先にあるのではなく、自然に、それぞれの心のなかで芽生えたものを口にするようになって形にしていった。

まず、ステッカーができた。桐朋学園の美術の先生である大塩英生さんのデザインでできたものである。これを胸に貼って、みんなで抗議行動に出かけた。小さな輪が鎖になってつながっていくという、まさしく私たちの運動と気持ちを表している。最初の小さな輪がステッカーであり、そしてその輪を大きくしていくのが歌であった。

仲間に、大桑実枝さんという人がいる。この人と国立との出会いもエキサイティングなものだった。大桑さんのご両親が、国立の駅前で「エピキュール」という名前の喫茶店を営んでいらしゃった。その昔、私たちは大学の行き帰りにエピキュールを使い、ゼミのあとに教授といっしょにエピキュールでお茶の楽しいひとときをもっ

ステッカー
「守りたい大学通りに広がる空を」

たこともしばしばであった。しゃれたお店で、一橋大学に通った学生にとっては懐かしい思い出の多い店である。いまは明和マンションの道路を隔てた東側にお住まいで、もろに影響を受けていた大桑さんが次に掲載する『明日《あした》の子どもに』の歌を作詞された。

一　大学通りの　さやけさは
草木のかおり　土の道
そよ風ゆれて　木々たちは
いつも優しく　歌ってる
重なる緑　風の道
みんなの嬉しい　散歩道

二　いちょうの高さ　遥かに超えて
大空かくした　黒い影
とぎれた青空　悲しいけれど
ぼくら決して　あきらめない
みんなが待ってる　広い空
明日の子どもに　渡す空

明日の子どもに

大桑実枝　作詞
飯沼信義　作曲

三　みんなの心　一つになって
つないだ手と手が　未来を開く
天までとどけ　私の願い
緑のやすらぎ　大学通り
あふれる思い　響く空
果てなく続く　青い空

この歌も、私たち国立市民の気持ちを素直に表現してくれている。ご本人も涼しげな人だが、とても爽やかないい詞である。となると、次は作曲家の出番。桐朋音大の飯沼信義先生の力をお借りして、この詩にメロディーをつけていただいた。国立市民でもある飯沼先生は私たちの願いを快諾し、心に響くメロディをつけてくださった。

合唱の指導は、桐朋小学校の市橋邦彦先生が引き受けてくださった。小学校の音楽教室で先生の指導を受け、いくらかさまになってきたので、二〇〇一年（平成一三年）一一月一八日、小学校の講堂でシンポジウムを開催したときに発表した。川合さんのピアノ伴奏で、みんなといっしょに歌っていると胸が熱くなってきた。

もう一つ、明和地所のマンション開発で引き裂かれたトカゲの兄妹と男の子の友情を描いた絵本『さよならだいちゃん』を紹介しておきたい。

主人公は、大学通りで生まれ育ったトカゲの兄妹。マンションができたことによる環境破壊のせいで引っ越しを余儀なくされ、仲良しの男の子であるだいちゃんと別れることになってしまうという物語である。大桑さんの家に姿を見せていたトカゲや小動物が、マンション建設がはじまってから姿を現さなくなってしまったという大桑さんの実際の体験をもとにつくられている。

絵は、イラストレーターのヒラタカエルさんが担当された。大学通り沿いの石垣のところにいるトカゲとだいちゃんをやさしい筆致で描き、マンションによる恐ろしいビル風や大好きなだいちゃんと別れなければならないトカゲの悲しみが見事に表現されている。この絵本のことは、平成一三年（二〇〇一年）六月四日の東京新聞に大きく取り上げられた。

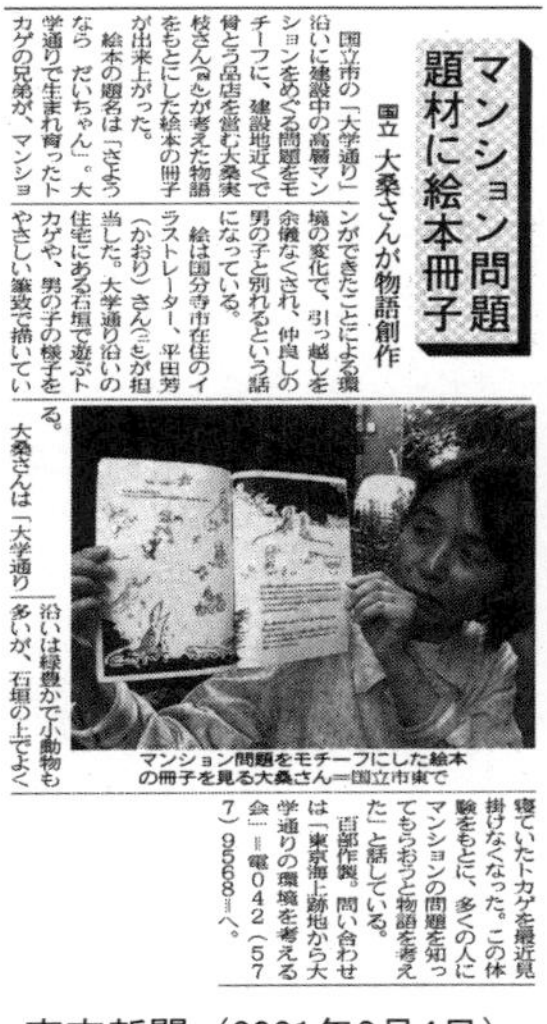

マンション問題題材に絵本冊子

国立　大桑さんが物語創作

国立市の「大学通り」沿いに建設中の高層マンションをめぐる問題をモチーフに、建設地近くで骨とう品店を営む大桑実枝さんが考えた物語をもとにした絵本の冊子が出来上がった。

絵本の題名は「さようなら　だいちゃん」。大学通りで生まれ育ったトカゲの兄弟が、マンションができたことによる環境の変化で、引っ越しを余儀なくされ、仲良しの男の子と別れるという話になっている。

絵は国分寺市在住のイラストレーター、平田芳（かおり）さんが担当した。大学通り沿いの住宅にある石垣で遊ぶトカゲや、男の子の様子をやさしい筆致で描いている。

マンション問題をモチーフにした絵本の冊子を見る大桑さん＝国立市東で

大桑さんは「大学通り沿いは緑豊かで小動物も多いが、石垣の上でよく寝ていたトカゲを最近見掛けなくなった。この体験をもとに、多くの人にマンションの問題を知ってもらおうと物語を考えた」と話している。

百部作製。問い合わせは「東京海上跡地から大学通りの環境を考える会」＝電042（577）9568＝へ。

東京新聞（2001年6月4日）

『さよならだいちゃん』
（おおくわ　みえ作／ヒラタ　カエル絵）

ソロバンづくの厚顔無恥な相手と火花を散らすだけでなく、運動そのものに無関心な一般市民に向かってわかってもらえるように心掛けなければならない。「考える会」の仲間は、一人ひとりが強い個性のもち主で、同じ会社組織で問題を論じているのとは甚だ趣が異なる。だから、侃々諤々《かんかんがくがく》と議論を闘わせ、それゆえ傾聴に値することも多かった。

ポスター「拝啓　明和地所殿　つみ重ねたものは、何ですか?」

運動の方向性、中味をできるだけわかりやすくていねいに、そして定期的に一般の国立市民や第三者に伝えることが重要なことは言うまでもない。ビラ、ポスター、横断幕は、小道具のようだけれど、それらを通して市民との交流が円滑になる。

私たちの置かれている現状を知らせ、私たちのよって立つことところ、そして主義・主張を理解してもらい、市民とのコミュニケーションに欠かせないのが視覚に訴えるポスターである。それも、ただ大きいボードで訴えるだけでなく、美しい街並みにふさわしいポスターが必要である。

私は三十数年のデパート勤務での経験から、デパートの発信する媒体がきわめて重要な役割を果たすものであることが人一倍わかっている。それは、知らず知らずのうちに人々に刷り込まれてイメージをつくり続け、そしてそのときどきの小さな話題に結びついていく。

私たちの大学通りに対する思い入れを、そして建て続ける明和の建物に対する感情を七年間にわたって表現し続けたのがデザイナーの吉田宏一さんである。優れた企画力と表現力を兼ね備えているわれわれの仲間である。とくに、説得力のあるイラストレーションはいつも感心させられる。泥臭くなくスマートに、見る人に不快感を与えることなくはっきりとしたメッセージを伝えてくれる。また、雨で破れないように加工をして街角《まちかど》を飾ってくれた。あのポスターを見て、「この運動の訴えるものが理解できた」と言ってくれた人もいたぐらいだ。街のなかに吉田さんのポスターがあるかぎり、街ゆく人々に私たちの主張が静かに伝わっているという強い安心感がもてる。

時系列に沿って、これまでのポスターを並べてみよう。見る人からの視点をもったこの一連の作品を、ぜひ見て欲しい。

彼は、ポスター制作の意図を陳述書で次のように書いている。

私たち考える会では、大学通りの文化史的付加価値の高い景観を愛する多くの市民の思いを代弁するべく、これらのポスターを製作し、明和地所には地域の景観や環境への配慮、公共空間への寄与など、一企業のとるべき責務を自覚していただき、併せてこのことを広く社会にも理解を求めることを目的としました。

（2001年1月）

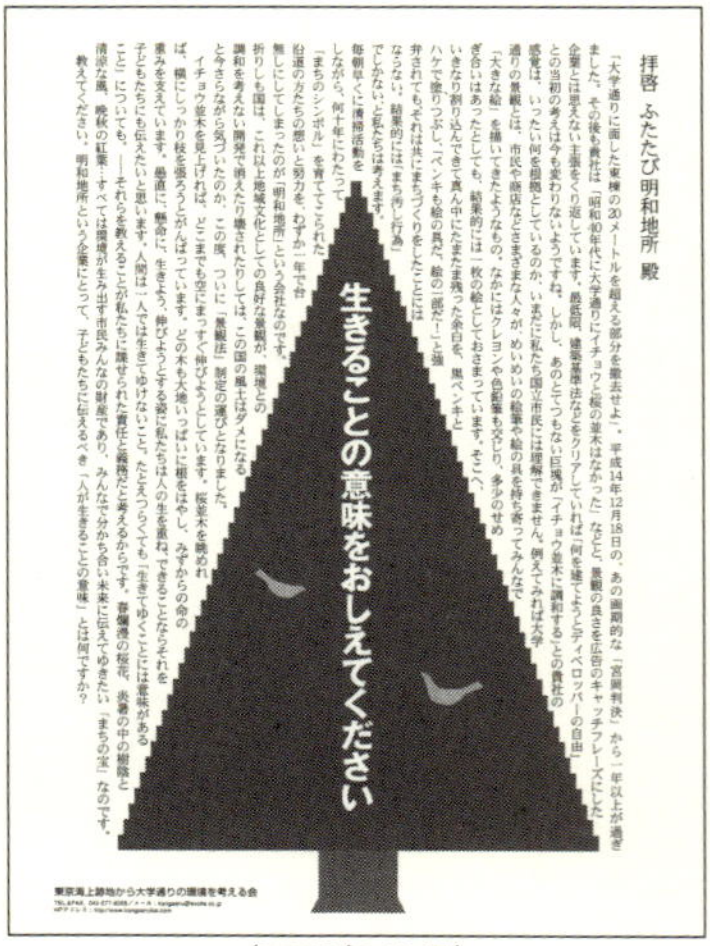

（2004年10月）

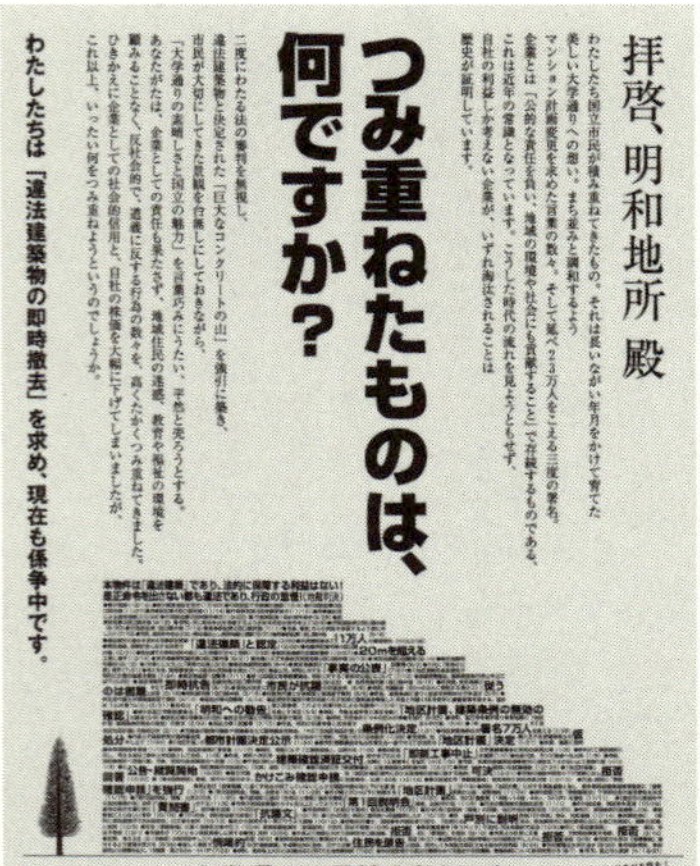

（2002年1月）

（制作：吉田宏一）

内容につきましては考える会の主要メンバーで何度も話し合い、地域社会のたっての要望を軽視し数々の不当な行為を重ねてきた会社の経緯をそのまま明和マンションの外観としてヴィジュアル化しました。

ポスター「拝啓　明和地所殿　つみ重ねたものは、何ですか?」は明和地所への訴えは過激な表現を避けた書簡のかたちをとって語りかけるようなイメージとしました。これは当然のごとくポスターを目にする市民や子どもたちに不快な思いを抱かせないための配慮であり、街路景観を損なわないよう最大限の努力をした結果です。また、同様の主旨で、美しい外観を呈するテラスハウス群「ガーデン国立」の自治会の方々に、動物のシルエットをかたどったとても好ましいポスターボードを用意いただいたことで、散策者の目に素晴らしいアクセントとなっております。

いま一つの白地に緑を基調とした最新のポスターも制作意図においては前者と微塵の違いもありません。あえて加えますならば「景観」や「環境」が地域社会の子どもたちが育つ上でいかに大切な要素を含んでいるかということを、並木のイチョウの樹をモチーフに訴えようとしたことをあげたいと存じます。「いのち」の問題が問われる現代だからこそ、大人たちが力を合わせて子どもたちに意味深い未来の可能性を残す努力をすべき時代だと考えます。

開発事業者の物量で圧倒する宣伝物を前にこれらはあまりに無力でささやかな訴えでしかありませんが、茫然と立ち尽くすより、道行く市民のみなさんに、少しでも景観の問題は地域エゴなどではなく「公共」の問題であることに思いを致していただきたい、との願いが込められています。

まったく、世の中には表現が上すべりして、中味のともなわないことがあまりにも多くありすぎる。吉田さんの場合は、まずその言わんとするところを人間の営みのなかに位置づけ、そのまま、ことの声を吸い上げて的確に表現している。字あまりでもなく、少しも欠けたところのない表現。その都度、私たちの期待する以上の仕上がりにしてくれた本当にすばらしい能力のある仲間をもったことを心から感謝したい。ポスターにも、思想が必要なことが理解できた。

五回のシンポジウム

市民運動は、時間軸のみで流れていってはならない。裁判がらみであればなおさらで、一年単位ぐらいで区切って、賛同者に向かってわれわれのやってきたことを、現在の社会的風潮のなかでどういう意味合いをもつものなのかを総括して発表する必要がある。それも、単なる報告会ではなく、少々規模の大きいシンポジウム（二〇〇名～四〇〇名程度）を開催するのが好ましい。その範囲は、市内にとどまらずもっと広げて考えてもいいのではないかと思っている。いつ果てるとも知れない終わりなき闘いの様相を帯びてくれば、ますますその必要性が感じられる。
時期、会場、テーマを何にするか、誰に話してもらうか、その道の専門家、学識経験者、それを噛みくだけるコメンテーターも必要とされる。当然、それぞれの人には聴衆に理解しやすく話をしてもらわなければならない。以下に、私たちが行った五回のシンポジウムの内容を記しておこう。

第一回シンポジウム

日　時　二〇〇〇年一一月一二日（日）
場　所　神田パンセ・パンセホール
テーマ　巨大高層マンションvs景観
　くにたち発―建築基準法さえクリアしていれば何を建てても勝手なの？―
特別講演　姫野雅義氏（吉野川第十堰住民投票の会代表世話人）「市民が決めることの意味と大切さ」
パネルディスカッション　五十嵐敬喜（弁護士）／上原公子（国立市長）／

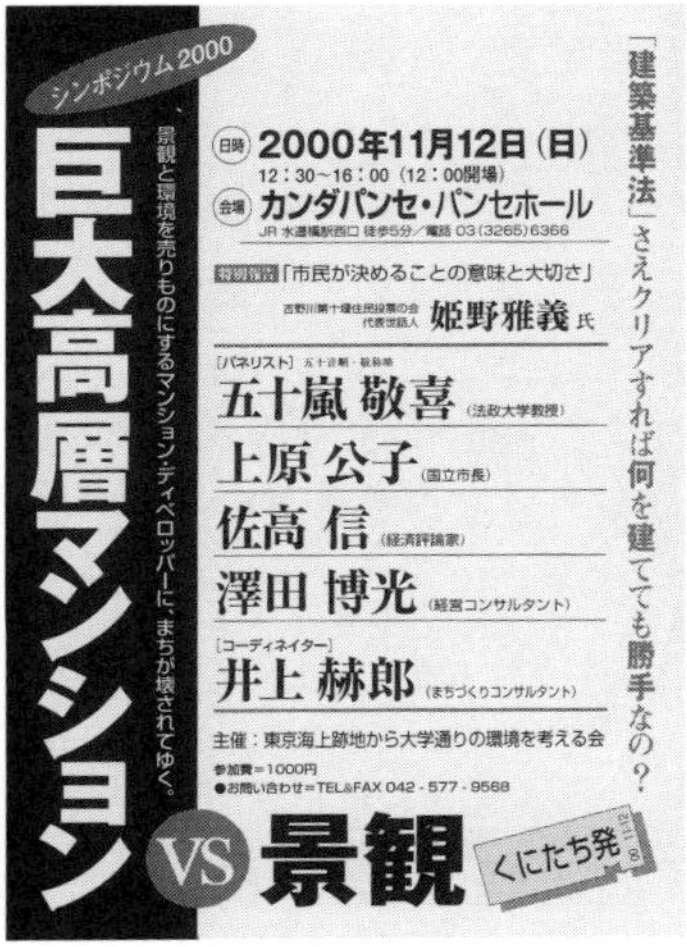

第1回シンポジウムのチラシ

佐高　信（評論家）／澤田博光（経営コンサルタント）
コーディネーター　井上赫郎（都市計画専門家）

市民が景観を守るための運動論や地方自治体のあり方、企業の環境問題の取り組みについて議論された。集会の最後に、自分たちの住むまちは自分たちで守れる仕組みをつくろうと、全国へ呼びかける「くにたち宣言」が採択された。

第二回シンポジウム

日　時　二〇〇一年一一月一八日（日）
場　所　桐朋学園講堂
テーマ　明日の景観・環境・まちづくり――違法マンション取り壊し裁判の勝利に向けて――
講　演
●武井正昭　東京理科大学名誉教授「建築物から受ける圧迫感」――明和マンションから受ける圧迫感被害を、「形態率」(1)という概念で数値化し、魚眼レンズカメラによる測定結果をもとにスライドを使って説明。これからは、建物を建てる側が人間に対する圧迫感を配慮する必要があると結ばれた。
●寺尾美子　東京大学大学院教授「『強い』土地所有の克服に向けて」――良きまちづくりの障

害となっている日本独特の土地所有の問題点が、日本人には馴染みの薄い「パブリック」という概念のとらえ方にあると話された。

●大方潤一郎　東京大学大学院教授「都市計画と『まちづくり条例』」――都市計画法とまちづくり条例の観点から、明和マンションの場合の問題点を指摘。

この日、『明日の子どもに』が発表された。

第三回シンポジウム

日　時　二〇〇三年一一月二三日（日）
場　所　桐朋学園講堂
イベント　映画『なごり雪』上映
講　演　大林宣彦監督

大林監督自らのピアノ演奏によって講演会がはじまった。私たちが見失ってきたもの、見失ってはいけないもの、映画『なごり雪』に込められた思いなどが語られた。

第3回シンポジウムのパンフレット

（1）建物からの圧迫感を、建物の壁の大きさ、高さ、視点からの距離を全部含んだ数値に置き換えたもの。

日　時　一一月二四日（月）
場　所　一橋大学西校舎
シンポジウム
　学生と若手研究者によるシンポジウム―ひとのふれあいまちづくり・自分がいるから国立（まち）がある―

八つのグループに分かれて、それぞれ国立のまちへの願い、要望、提案などの意見を、ＫＪ方式(2)を使って出し合い、その後、各グループでの討論内容を発表した。

第四回シンポジウム

日　時　二〇〇四年四月三日（土）
場　所　桐朋学園講堂
テーマ　「宮岡判決」と「景観法」
パネルディスカッション　富井利安（広島大学教授）／吉田克己（北海道大学教授）／見上崇洋（立命館大学教授）／西村幸夫（東京大学教授）／池田計彦（弁護士）
コーディネーター　淡路剛久（立教大学教授）
日本各地で起こっている「住環境」、「景観問題」に通ずるこの二つテーマについて、それぞれの専門の立場から「宮岡判決の意義」、「市民による公共性の形成とその実現」、「景観法への期待と市民、自治体の役割」、「景観法案と国立裁判」などの話をしていただいた。会場からは、同じような問題を抱えている人々からパネリストへの質問が相次いだ。

第五回シンポジウム

日　時　二〇〇四年一二月一二日（日）
場　所　桐朋学園講堂
テーマ　東京高裁の大藤判決（一〇月二七日）に対する抗議緊急集会
講　演　山本和敏（大東文化大学法科大学院教授・弁護士）「大藤判決は何を語ったか―国立マンション訴訟が問うもの―」

山本先生は、次のように熱っぽく語ってくださった。
「大藤判決は、景観は保全すべきものであるけれども『適切な行政施策によって保護されなければならない』（判決一七ページ）と言っているところが問題なのです。判決はこれを受けて、『個々の地域住民が、独自に私法上の個別具体的な権利・利益として良好な景観を享受するものと解することはできない』（判決一七ページ）と結論づける。つまり、景観というものは行政が

（2）川北二郎考案。アイデアなどを思いつくままに各自出し合い、分野別にまとめて課題解決の方策を探る方式。

やるもので市民は何の権利もない。そうすると、景観保護の運動をやることはおよそ法律から見ればナンセンスだとなってしまう。私は、ここを問題にしたいわけです」

また、緊急特別寄稿として、富井利安広島大学教授から「国立景観事件（民事）東京高裁判決について」のコメントをいただいた。

私たちの運動が教科書に載った！

まったくもって、第三者の声には目を覚まされることがある。マスコミの力というものは、あるときはまったく期待できないが、ときにはじわじわと人の心に浸透していくことがあって驚かされる。意外な人が意外なところで発言したりして、私たちの運動を後押ししてくれる。このような力は、必ずしもすぐに効果が現れなくても、長い目で見て運動を支えて力づけてくれる。

運動は私たちにとっては必死の攻防戦であり、両者のぶつかり合いは火花を散らし、市議会、市役所、都の行政の動向などを常にチェックすることが精いっぱいで、自分たちの姿がどのように写っているのか第三者的に見る余裕などまったくなかった。

そんなとき、私たちの運動が教科書に載った。それも、二社で発行された教科書。運動をはじめて二年が経ったころ、「清水書院」と「日本書籍」が新しい社会の動きとして私たちの住民運動を取り上げた。これなどは、どこかで誰かが私たちの運動を見てくれているのだなぁという証明であり、大きな味方を得た気持ちだった。何といっても、私たちの運動が認められ、教科書に取り上げる価値のある運動だったということが改めて認識でき、非常に嬉しい気分になった。もちろん、このことを私たちが配布しているチラシ「大学通り景観通信」においても以下のように紹介した。

大手教科書出版会社である日本書籍と清水書院が、来年度（二〇〇二年度）の中学校公民分野の教科書に大学通りの景観問題と私たちの運動を取り上げ、掲載しています。
清水書院は「公共の福祉と国民の義務」という項目の中で「…財産権などは、公共の福祉のためにより多くの制限を受ける。たとえば街全体の住みやすさや美しさを守るために、建物の高さが制限されるこ

景観と建物の高さをめぐって

東京都国立《くにたち》市の駅前から南に伸びる広い並木道（「大学通り」）は，桜やイチョウの大木が美しい街並みをかたちづくり，住民に親しまれてきた。

1990年代から，国立駅の周辺に30〜40メートルの高層ビルがいくつも建設され，1999年には高さ約53メートルの高層ビルの建設計画がもちあがった。周辺の住民は，街の景観を守るために，並木とおなじ約20メートルにまで高さを下げるように計画の見直しを求めたが，高さを44メートル以下に下げれば事業が成り立たなくなる，と主張する業者側と意見が対立した。工事着工後，周辺地区の建物の高さを20メートル以下に制限する条例案が可決された。

○国立市の並木道

教科書に載った！『新中学校　公民』清水書院、2001年、56ページ。

とがある。この場合の公共の福祉とは、社会全体の利益のことである」と記述し、この項のコラムの中で大学通りの写真と「景観と建物の高さをめぐって」と題して、大学通りと明和マンションの問題が解説されています。

一方、日本書籍は「人権はつねに新しい」という項目の中で景観権を「新しい人権の問題」として記述しています。「社会や経済などの変化によって憲法の文章にはない新しい人権が生まれています」として、「日照権」「知る権利」「環境権」「景観観賞権」「眺望権」などについての説明があり、その中で「街の景観を破壊するとして超高層マンションの建設の見直しを求める国立市の住民」という解説つきで私たちの運動の写真までもが掲載されています。

教科書に載った！
『わたしたちの中学社会』
日本書籍、2001年

なお、国立市教育委員会は、来年度以降三年間の市内の公立中学校で使用する社会科公民分野の教科書として清水書院を採択しました。

これこそが、生きた教材というべきであろう。

入社試験の問題にもなった国立マンション問題

また、二〇〇三年の秋に行われた朝日新聞社の入社試験の問題にも取り上げられた。これは、一般の人の目には触れないものだが、社会現象をとらえる「種子」の役を果たしていると思う。

運動は、当事者の動機にはじまり、周囲を巻き込みながら小さな波紋を広げながら終わることなく伝わってゆくものではないだろうか。しかし、これを続けて行くなかで世の中の理解を得て、地下水が湧水となるようにやがて同じ土壌を見つけて、いつかどこかで芽を吹き出してくる。これが、北川元三重県知事の「北京のチョウチョ」（二六五ページ参照）と言うことになろう。ひょっとしたら、山のなかでのコダマもこれに似た現象と言えるかもしれない。

若いころは、いつも何事も性急に答えを見いださなければ意味がないと思っていたが、息の長い運動を続けていると、すぐに結論が出るものは逆にうそくさいと感じる。むしろ、思うようにならないパズルのようにじっと盤を見つめ、その裏を読み、相手の動きもさぐりながら引き出す答えに面白味を覚えるようになった。

うれしい受賞

長い時間をかけて闘っている最中、直接に運動と関係のないところでわれわれの活動を評価してくださる人に出会うと、「地獄に仏」というか、深山幽谷で小さな灯を見つけたときのような温かいものが心の底からこみ上げてくる。それが、運動の大きな励みになったことは間違いない。その代表的な一つが、平成一五年（二〇〇三年）六月二一日に「都市計画家協会」からいただいた大賞である。

なんとも晴れがましい賞であった。ほかの受賞団体もいらしたが、私が最初に伊藤滋会長から賞を頂戴した。まちを壊されることに対して私たちが立ち上げた無手勝流の運動を、専門家集団が評価してくださった意味は大きかった。胸に込みあげるものがあった。

「都市計画家協会」の機関紙に寄稿した私の受賞のよろこびの一文を、これまでの記述と重複を避ける形でご披露する。

六月二一日受付でいただいた資料の中に受賞の選定理由が書かれていた。

この理由を読みうれしくなった。

一、冒頭「本件については審査員会で大いに議論した」とあり、「都市計画法や建築基準法を守っているのは開発業者であり、それに対抗する考える会を評価することは、法・制度をつくり、守るべき立場の都市計画家として妥当かどうかが論点で」その結果、「都市計画の法や制度には、まだまだ不備があり、それにより生じる問題を受け止め、解決しようとする市民の力を評価したいということになった」とある。

実に現実を直視された、ある意味では協会の存立の自己否定にもなりかねない痛みすら伴う選定理由に、この協会の良識と知性の高さと謙虚さを感じた。そのような協会が、我々考える会がそのために闘ってきた問題の深い所の活動を評価してくださったことを大変誇りに感じ、名誉なことと思うとともに、日本を代表するまちづくりの専門家集団から、このように評価されたことは何よりの力強い支援である。

考える会が運動の中で感じてきた都市計画の法や制度の不備とは、ひとことで言えば、日本の都市計画法と建築基準法は、それぞれの地域・地区の生活様式と歴史的・文化的伝統を踏まえたまちづくりに資するものには全

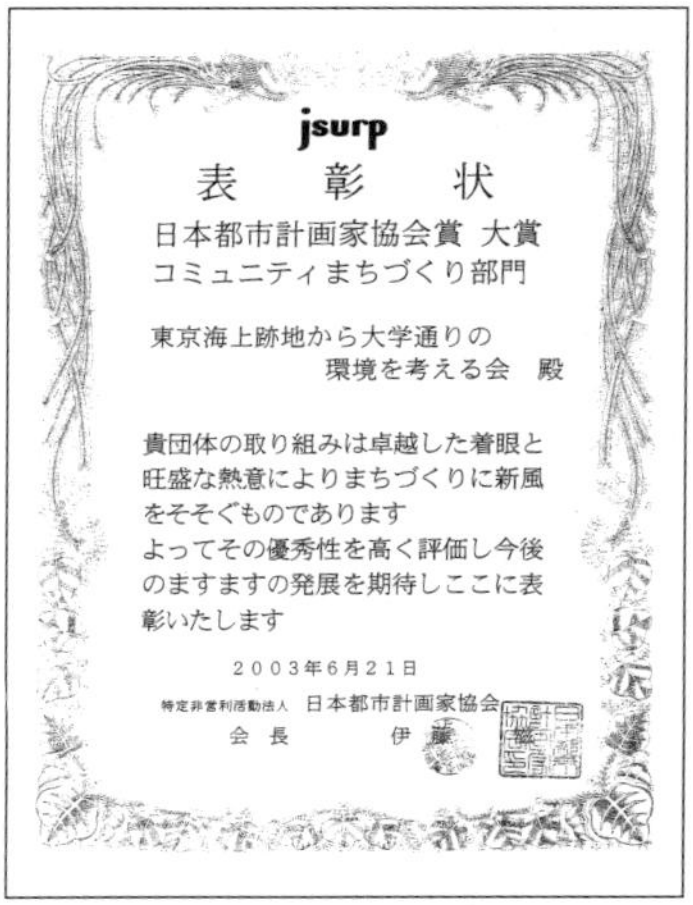

jsurp

表　彰　状

日本都市計画家協会賞 大賞
コミュニティまちづくり部門

東京海上跡地から大学通りの
環境を考える会　殿

貴団体の取り組みは卓越した着眼と旺盛な熱意によりまちづくりに新風をそそぐものであります
よってその優秀性を高く評価し今後のますますの発展を期待しここに表彰いたします

2003年6月21日
特定非営利活動法人　日本都市計画家協会
会長　伊藤

表彰状

くなっていないということであった。

特に建築確認行政には泣かされた。確認行政にとっては建築物自体の構造・安全がすべてであった。建物がそこに建つことでの地域への影響を全く考慮していない。その不備を補うべく定められている地方自治体の要綱、条例は確認行政においては無力であった。そして確認を行う建築主事は、自分達は「確認」をするだけと言いながら、その確認を受けた開発業者はそれを建築の「許可」と心得て開発を始める。全くまちづくり不在の儀式がここで行われ、その儀式には地方自治体の長といえども参列できないことになっている。その結果、まちが壊されていく。

このような現実をわれわれはこの四年間の活動の中で見てしまった。だからこの点に関してわれわれは建築確認の確認対象法令の中に地方自治体の景観条例も含めてまちづくりに関する条例・要綱を入れるべきだと考えている。

二、選定理由の文言の中に考える会の活動には「風景や景観を守る長年の活動の歴史が背景にある」とある。

国立は奈良・京都のような古いまちではないが、大正末期から昭和二〇年までのいわゆる戦前に国立地区は、特に大学通りを中心にまちの骨格が形成されている。

箱根土地（現コクド）の堤康次郎氏と東京商科大学（現一橋大学）の佐野善作学長の高い理念と理想にあふれた学園都市づくりがその基礎にある。それを戦後、文教地区指定運動、歩道橋事件、一種住専運動、景観権裁判等々を経ながら市民が主体となって自分たちのまちづくりを、大学通りを中心に行ってきた。

市民の思い入れと自分たちの子どものように守り育ててきたその大学通りに、作法もわきまえず、開発業者に言わせれば「多くの市民たちに必要なだけの快適な住まいを供給する公益」のためと称して、この先人たちの高い理想とそれを継承した市民の、苦しくも気高い情熱の結晶を無慙にも破壊してしまおうとしたのである。

それ故に問題を知った国立市内の一八団体がただちに結集した。そして今日までその組織の体温の熱さは衰えることなく続いている。それは市民が八〇年に及ぶ自治の精神を自分のからだの中にしみ込ませているからであり、次世代への責任、先人に恥じない今日の大人の責任を思うからである。(要約)

三、「マンション建設後もねばり強く運動を続けていること」と選定理由にあるのは意外な気がした。

なぜならば我々にとっては最後まで、つまりマンションの二〇メートル以上の部分の全面撤去を見るまでは活動は終らないと考えていたので、マンション建設後も、と評価されるのは意外であった。しかし、翻って考えてみると、世間一般のマンション問題では、建ってしまうと運動は終ってしまうという現実があるのだなとも思った。だから開発業者は強引に建ててしまって建て得を狙う。そういえば我々の耳にも、もう建ってしまって、運動をやっても無駄じゃないか、との声が聞こえてきたこともあった。

しかし、市民の反対や市の指導を無視し、裁判の早い段階（平成一二年一二月二二日仮処分高裁決定）で違法建築物と認定され、景観を大きく破壊している建物をそのまま見過ごすわけにはいかなかった。（要約）
四、選定理由はつづく。「居住者の思いと専門家による専門的知識が結実している」と。考える会にはさまざまな専門家が協力して下さっている。
運動の初期には、地区計画づくりで、都市計画と建築の専門家にお世話になった。特に井上赫郎氏に。その後裁判になってからは法律の専門家にお世話になっている。それぞれの専門家が運動の場面、場面において持てる限りの知識と力で献身的にこの運動を支えてくださっている。感謝しかない。（要約）
五、審査員会が我々の活動を「冷静かつ客観性を帯びた活動となっている」と評価をしてくださったことは、心底うれしく思った。
私達は法治国家の市民であり、市民自治は法治国家の基本である。その市民自治を標榜するわれわれの活動は法を創造するものであっても、法に外れたものであってはならない。特に考える会には建物の真北の桐朋学園という学校もメンバーとして入っている。子どもたちの目から見て疑問符がつくような活動は絶対に慎まなければならない。子どもたちに誇れる活動をしなくてはならないとの強い自覚があった。

運動の激しさが頂点に達する平成一四年二月、開発業者の分譲開始に当っても、東京高裁で開発業者が答弁書で言っているような「激しい販売妨害の不法行為」ではなく、我々はマンション近くの緑地帯の一角にテーブルを並べ、考える会の主張を書いたリーフレットとチラシを配布しただけで販売妨害を一切行っていない。

このような実態がどこまで知られていたかは知る由もないが、審査員会が選定理由で「冷静かつ客観性を帯びた活動」と評価して下さったことは我々の活動の真髄に触れるだけに本当に嬉しかった。

六、「国立での市民や行政の取り組みは『地域の慣習・不文律のルールを尊重することにより形成され、共有されている望ましい空間像について、地域のルールとして定着していくプロセス』と捉えることができる。」

私達は一審判決のあと控訴審での準備のために全国の大学の民法、行政法、都市計画、建築、経済、美学、芸術の諸分野の先生方に協力をお願いした。その中で多くの先生方が地域の不文律の尊重、地域ルールの尊重、市民的公共性の尊重、市民的公序の尊重という言葉で国立大学通りの景観利益を認めた一審宮岡判決を支持・補強する「意見書」をお寄せくださった。それらに依拠しながら相手方控訴理由書への反論である準備書面（Ｉ）は書かれている。一審以来のわが弁護団の主張である、国立市民のまちづくりの歴史と景観施策の法的構成は一層強化された。

まさしく選定理由が上述された「都市計画の法や制度には、まだまだ不備があり…」という点を国立市民は大学通りの景観という空間像を、市民自治による地域ルールとして創造し、法と制度の不備を補ってきた。都市計画の専門家自体が法と制度の欠陥を認めておられる点の意義は実に大きい。

七月に発表された国土交通省の「美しい国づくり政策大綱」の前文にすら反省の弁がある。「国土交通省及びその前身…は、経済発展の基盤づくりに邁進してきた。その結果、社会資本はある程度量的には充足されたが、我が国土は、国民一人一人にとって、本当に魅力あるものとなったのであろうか?…四季折々に美しい変化を見せる我が国の自然に較べて、都市や田園、海岸における人工景観は著しく見劣りがする。…国土交通省は、この国を魅力あるものにするため、まず、自ら襟を正し、その上で官民挙げての取り組みのきっかけを作るよう努力すべきと認識するに至った」として、政策大綱の一五の具体的施策の中で④に平成一六年度を目標にして景観に関する基本法制の制定を挙げ、更には⑫で地域景観の点検促進を地方公共団体、NPO、まちづくり市民団体とともに行おうというのである。

時代は大きく変った。

七月一八日付日経夕刊はトップの見出しで「高層建築お断り相次ぐ。自治体、マンションなど高さ規制」の記事を載せている。

三月には名古屋地裁において名古屋市東区白壁の街並み保存地区内に建築中の高さ二〇メー

トルの高層マンションの二〇メートルを超える部分の建築を禁止する仮処分決定も下された。今や日本の社会が美しい国づくりに大きく動きはじめている。

国立の持つ問題の大きさと広がりをこうして否が応でも自覚させられている。そのわれわれにとって活動の客観性の大きな支えとなったのが都市計画家協会からの大賞である。心から感謝の意を表したい。

研究者に望む

国立市のまちづくりの集まりに出かけてみて驚いたのは、現実に（この時点で）四年半にも及ぶ日月をかけて闘っている仲間をよそ目に、事例研究と称してカナダの話とか他国の都市計画の先進例を紹介したり、議論している姿であった。

研究者、コンサルの人たちのスタンスには、いつも歯の浮いたような現実離れを感じ（もちろん、すべてではないが）、あえて運動とは距離を置こうとしているような姿勢がうかがえるのが残念である。条例がなければ効果がないのなら、それをはばむものを取り上げて議論することが大切であろう。取りあえずのきれいごとと、かっこよさではすまない性格のものであることは確かではないか。まちづくりに力強さや、住む人間の側に立った発想というものは、行政的発想、総論的発想からは決して生まれるものではない。表面的、教科書的な解釈は、その地に根を下ろした条例にはなりにくい。

平成一八年（二〇〇六年）六月一〇日、第一〇回環境法政策学会のシンポジウムに出席した。七年にわたって運動をしてきた者にとっては、当日配布された報告書のなかで母校の教授が国立のマンション問題を取り上げて論文を書いていることに大いに関心がかきたてられた。しかし、その内容にはひどく失望した。「国立《くにたち》」と名がついて「一橋大学」とくれば、当然のごとく第三者は「真実」に近いものと信ずるに違いないだけにこれを見過ごすことはできない。この論文を書いたのはY教授である。この人は、闘いの七年間に一度もわれわれに取材をしたことがないにもかかわらず「よくこんなことが言えるなぁ」と不愉快になってきたので、次に紹介する手紙を本人宛に出した。

あなたの論文においては、たしかに都市計画の制度の本質は論じているが、現実の日本社会でそれがどのように機能しているのか、自治体と住民が何に苦しんでいるのか、街と住民の生活を破壊している元凶が何なのか、そして日本社会を一歩前進させるために研究者がどのような貢献ができるのかということについてのまったくハートが感じられません。とくに、企業が行っている横暴さに関してはまったくといっていいほど不問に付されています。

もし、あなたが真摯な研究者であるならば、「大学町国立」で起きているこのマンション問題について、評論家的に論評するのでなく、大学人としてこの問題になぜかかわってこれなかったのかと、疑問すら感じます。なぜならば、そもそも国立は一橋大学の「大学町」として造られた経緯をあなたもご存知のはずだからです。明和地所による大学町の破壊行為に目をつむり、やむにやまれない住民の行動を「あってはならない訴訟」であるとか、「本件が事後的解決がやむをえない例外的ケースにあたるとは、どうしても思われない」という記述、そして「あらかじめ、自治体が適正な都市計画を策定していれば、もともと業者も本件のような建築を計画するはずもない」などという論評は、「現場の事実」と「業者の悪意」を不問にする机上の空論と言わざるを得ません。

あなたが都市計画の制度の本質からあるべき姿を主張するのであれば、専門家もしくは一橋大学の大学人として国立市なり国立市民に事前にそのことを指摘したうえで、なぜ大学町を守る行動に出なかったのですか。それこそ、責任ある研究者としての責務であると私は思います。一橋大学は「実学」を旨とする大学であったはずです。多くの学生を指導しなければならない立場にあるあなたに現実を踏まえ、日本社会を一歩進めるための研究と主張を今後は展開していただきたいと願う次第です。疑問があるのであれば、偏見をもたずわれわれに直接聞いていただきたかった。事実、東京大学をはじめとする多くの大学の研究者は直接われわれのもとを訪ねて取材をされているのですから。一橋大学という、一番身近にいるあ

〝なたが市民運動のレベルにまで下りてこられなかったことが残念でなりません。

残念ながら、配達証明付で出したこの手紙には返事がなかった。しかし、その一方で、一橋には篠原三代平先生（名誉教授）のような立派な方もいらっしゃる。

先生の、文化勲章受章をお祝いする会に出席した。先生の今日までの地味な研究に対して各界の権威ある方々がその業績を称えるお祝いの言葉を述べられたが、それぞれ示唆に富んだものであった。私は、先生のご挨拶を拝聴し、先生らしい表現においてご自分の学問に対する取り組みの心構えを述べられたことに強く心を打たれた。

統計のベースになる数字との日々の取り組みのなかで、初めのころはソロバンを使って、次には手動のタイガー計算機で、そして近年には精巧なコンピュータになっても数字を丸飲みにせず、必ず「数字」を自ら検証していわゆるボトム・アップを徹底的にやってきたこと、決してトップ・ダウンで組み立てて研究をしてきたものではないことを強調され、ご自分で確かめられる姿勢に論理的な飛躍がまったくない状態で研究の成果を築いてこられたのだなぁと感服した。

日本という国の文化の最高栄誉である勲章が、統計学という地道な学問において、その真摯な研究成果に「光」が当たったこと、そして必ずしも世の中への露出度によって決められているものでないことが確認できて久し振りにいい気持ちになれた夜だった。そして、このような研究者が増えていくことを心から期待したい。

国立市議会の特異性

　これまで国立市の市議会の構成メンバーは言うに及ばず、そもそも市議会そのものに関心をもったこともなかったが、今回の運動を通じて否が応でも関心をもつようになった。テレビで見る国会の議決と同じく、派閥を形成してなされる議決事項は是非をただす議論がまったくなく、数合わせをしている茶番劇でしかない。私は、「市議会レベルでは党派は絶対不要」と、大声を上げて叫びたい。

　私は、戦後の日本政治のもっとも大切なことは、天は人の上に人をつくらず、階級がなくなり差別をなくし、男も女も政治に発言の場が与えられたことだとも思っていた。ゆえに、選挙によって選ばれた人たちは良識のある人物だと思っていた。お互いに分野は違うところで働いていても、平和でより前進的な生活をするために努力する政治家であって欲しい。少なくとも、「政治家」たらんとする人であるならば……。

　しかし、現実の議会を見ていると、政治家になりたいという思いだけで「政治」というステージに立っている人が多いように思える。私たち一般市民も、このことを見極めるだけの眼力をもてるよう、日ごろから政治に関心をもち、勉強をしていかなければならないと自己反省を含めて思った。

このマンション問題の根が深かったのは、野党である自民・公明党会派多数と少数与党の対立となっていたため、市民の大きな支持を受けた東京生活者ネット出身の市長が市民本位の地方自治を貫けなかったことだ。本当の、国立の市民派がしっかりしなくては駄目だ。国立市民のことを考えない人は市議会に出る資格がない。

市民運動の延長線上にあった国立市長選——市民の思いが伝わった

上原前市長の突然の不出馬表明を受けての、関口ひろしさんの出馬はかなり出遅れた。少なくとも、他の候補者との差が半年あった。三月二〇日（火）、国立市の芸術小ホールの決起集会での宣言において市長選の火蓋が切られ、それと同時に「これからも市民がつくる国立の会」(3)の旗上げとなった。

私は、会を代表して行ったスピーチのなかで、なぜ出馬が出遅れたかの理由は語らなかった。その代わり、童話『青い鳥』のチルチルとミチルの話を挙げ、青い鳥を探しに外へ飛び出していった兄妹が、家に帰ってみたら籠のなかに「青い鳥」が光っていたという話を紹介し、関口ひろしさんを選んだいきさつは決して消去法で行ったものではなく、地元にいたすばらしい「青い鳥」にようやく気づくことができたということを訴えた。

しかし、三月のこの段階では、マニフェストはおろかリーフレットの原稿もできあがっていなかった。ただあったのは、市議選のために関口さんが借りていた事務所だけである。そして、これから二週間ほどは、東京都知事選のために市長選は事実上休戦状態となり、氏名も顔写真も公表することができず、気ばかりがあせっていた。

三月二九日（木）、堤清二氏宛に国立市の市長選の危機的状況を訴え、リーフレットのゲラ刷りを封入して、「推薦人になっていただきたい」との願いを込めて速達を出した。読者のみなさんもご存知のように、堤清二氏は国立のまちを学園都市の原形として立ち上げた堤康次郎氏のご子息である。そして、数日後、もう一人の推薦人となっていただいた大林宣彦監督とともに快諾の返事をもらった。このお二人の名前は、一回目には間に合わなかったが、二回目のリーフレットに刷り込んだ。

やっと、関口事務所の事務所開きが三月三一日（土）にできた。国立の東のはずれの、多摩蘭《たまらん》坂《ざか》に面したところである。闘う相手である有力候補者の嶋津陣営は、すでに半年も前から市内に三か所の拠点を構えていた。

リーフレットの第一弾には、「国立には市民がつくってきた物語《ストーリー》がある」と表紙に刷り込んだ。第二弾の蛇腹折りのリーフレットは、関口さんのイメージカラーであるスカイブルーによく映え

（3）関口ひろし市長候補を擁立した会。

たものであった。三月二九日に入稿して、よくこんな短期間にできあがったものだと改めて感心した。とくに、関口さんらしかったのは、同じく表紙に「剣《つるぎ》を打ち直して鋤《すき》とし、槍《やり》を打ち直して鎌《かま》とする」と書かれてあることである。平和主義者の面目躍如たるものがある。

公選ハガキが四月四日にできあがり、その二日後には四月一〇日に芸術小ホールで行う案内のチラシができあがってきた。ここからは、夫人の関口美樹さんの過去二回にわたる市議選のノウハウが生かされてくることになる。これまで市議として活躍してきた関口さんの人脈がいかんなく発揮されることになる。ちなみに、チラシのほうは、関口ひろし流の政策発表と市民による激励会のお知らせで、上原前市長の市民参加の市政を引き継ぐ国立の新しいリーダー関口ひろしを紹介したものである。

四月九日（月）、朝七時四〇分、JR国立駅の南口で初めての関口ひろし候補の朝立ち。私も、旗持ちとして横に立った。通勤の方々はずいぶん朝が早いものだと、いまさらながら「ご苦労さま」と頭が下がる思いがする。そして、私も何十年か前にはこの時間に東京に向かって出勤していたことをつい思い出した。

正直なところ、このときには「関口って誰？」といったところで、市民の方々に対して関口さんの名前を浸透させるのはまだまだこれからという感じであった。この日、選挙ポスター（掲示板用）が明るく清潔な感じに仕上がってきた。この印象を大切にしたい、という思いを新たにした日である。

そして、翌日、芸術小ホールで関口さんの政策発表を兼ねた励ます会が午後六時三〇分に開演された。平和メッセージを発し続けるピアニスト崔善愛《チェ・ソンエ》さんとの対話ではじまったこの会では、国立市民でない人から国立を訪れたときの印象をうかがいながら、崔さんの弾くショパンの『革命』に心がゆさぶられた。

この間、四月二日に三上幸子さんのご葬儀があった。「大学通りを公園道路にする会」の代表であり、月一回の大学通りの並木道の清掃を何十年にもわたって続けてきた歴史的な人物である。あの世で、必ず関口さんを応援してくれているに違いないと思い、合掌した。改めて、ご冥福をお祈りしたい。

四月一一日（水）、立川青年会議所の主催による市長候補者三名の公開討論会が午後七時から芸術小ホールで開催された。それぞれのマニフェストに基づいての公開討論会である。この三人の主張を聞いて、国立市民でない人はやはり「国立」についての勉強が足りないことがよくわかった。ここで、関口候補が嶋津候補をキャッチ・アップした手応えを感じた。これからは五分五分で闘える。いままでの時間差はもう問題ではなくなった。しっかりと地についた議論を展開する彼を、改めて頼もしいと思った。そして、三人を公平に扱おうとした立川青年会議所の試みには本当に好感がもてた。

三日後、マニフェストチラシが納品されてきた。レイアウトもすばらしく、読みやすく読ませる内容のものとなっている。また、急場しのぎに前回の市議選のときに使ったポスターを選挙事務所に貼っていたが、それも新しい政策ポスター（Ａ1サイズ）に貼りかえた。インパクトといい、色といい、格段の出来栄えのものであった。

社会民主党の党首である福島瑞穂さんが応援演説に駆けつけてくれた。旗持ちの私には、しびれるように寒く、冷たい雨が降りしきる四月一七日の夕刻であった。しかし、大学通りにある「白十字」という喫茶店の前で行われた応援演説は、言葉に迫力があり、現場を知っている頼もしい党首という印象を私たちだけでなく聴衆にも与えた。まるで、身体にあたる雨がすぐに蒸気になってしまうかのような感じがした。

翌日、関口候補の個人演説会が芸術小ホールで午後七時から行われた。法定ビラ1号（Ａ2判四つ折り）がギリギリ間に合ったのでほっとした。

このときから、嶋津陣営は石原慎太郎都知事が応援に来るらしいという噂を流しはじめた。こちら側が警戒心を募らせたのはいうまでもない。そして、われわれの応援は評論家の佐高信氏。佐高氏とは、共通の友人である城山三郎氏が亡くなったことを芸術小ホールの楽屋裏で話し合った。

私は主催者として、出馬が出遅れてしまったことをウサギとカメの話にたとえて話した。見上げればウサギは八合目を、カメはまだ麓にいる。これからは、「全身全霊を傾けて、あと数日必死で山頂をめざそう」と檄を飛ばした。そして、佐高氏は、城山三郎が求め続けたリーダー論とからめて、ここの市長選は、国立市民が「城山三郎的リーダー」を選ぶか「石原慎太郎の子分」を選ぶかという大事な選挙であると位置づけ、有権者が心の奥底で感じているモヤモヤを見事に振り払ってくれた。そう、私を含めて国立市の市民が納得のゆく講演だった。

選挙まであと三日という日に法定ビラ2号（A4判一色刷り）が完成した。Q&Aのフォーマットは見やすく、わかりやすい完璧なものだった。そして、これが結果的にはとどめをさした感がある。

このころから、選挙事務所に活気と緊張感が漂いはじめた。朝のウグイス嬢と運転手も決まり、いよいよ終盤戦への突入である。街のなかでは、それぞれの候補者の名前を連呼する声がいっそう激しさを増してきた。そして、四月二〇日（金）、法定ビラ2号を1号ビラと組み合せて全戸に配布した。事務所に人の出入りが激しくなり、かなり殺気立ってきた感がした。

四月二一日（土）、ついに最終日が来た。ノソノソと歩むカメが必死で飛んだ、としか言いようがない火事場の底力を私たちは出したのだ。

午後二時三〇分ごろ、国立駅前で石原慎太郎知事の応援演説がはじまった。私は、「選挙に行こうヨ！」と刷り込まれたブルーのキャンペーンジャンパーを着て駅前のロータリーに聴きに行った。何代も前の美濃部都知事時代の話や、自民党と民主党との対決戦と言ったり、まったくいまの国立市長選とはかみ合わない中味のない話ばかりであった。装備だけは重装備で、「国立のインテリは取るに足らない」と選挙カーの上から吠えていたのが印象的だった。

暗くなってから、市民自治を掲げる関口陣営と、それに連なる市議候補者の面々が駅前のロータリーに集結し、最後の訴えをした。関口ひろし候補の言葉は、国立を愛する人々の心を打った。「希望の島」は、選挙期間中、一度も私たちを失望させることなく信頼に足る人物だということを十二分に納得させてくれた。すべてが対照的な選挙戦だった。

●手づくり型VS官製型
●自発的に集まった人たちVS組織化された背広軍団
●カンパ資金VS自民の豊富な資金
●環境・市民派VS開発・官僚派

四月二二日（日）夜中の一一時一〇分、隣りの人の鼓動が聞こえるような息づまる緊張感のなか、NHKの画面に「関口ひろし当確」の赤いテロップが流れた。「やった！」と言って拳をつき上げる者や万歳をする者、「勝った！」という声とは言えない喚声が部屋をつき抜けて、そこに集まった人たちの思いが弾けた。

しばし、信じられない思いを吹き飛ばして涙が頬を伝わった。誰もが、精いっぱいの力を出し切った市長選だった。それがゆえに、誰もが感動した瞬間であった。国立の環境が、駅舎が、大学通りが、そして福祉が守られたのだ。この安堵感と達成感は、私の長い人生のなかでもめったに味わえない出来事だった。これが「幸福感」というのだろうか、奇蹟が起こったのだ。

どんなに笑顔を振りまいても官僚の顔は消せない。この町にふさわしい人が市長になって本当によかった。国立には、若い可能性がある。

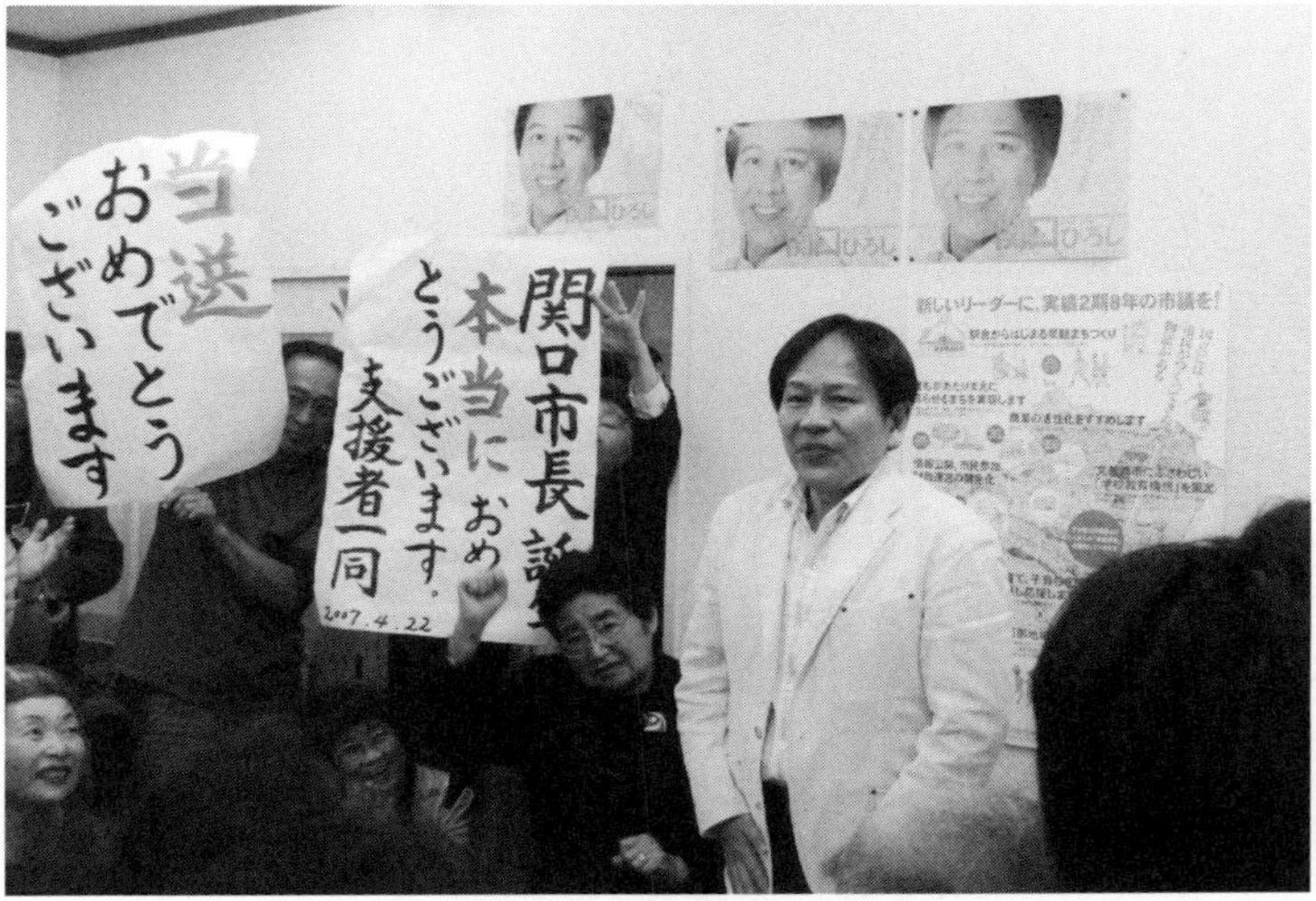

（写真提供：末吉正三）

終章

景観市民運動
全国ネットの設立

景観市民ネット設立集会（写真提供：景観市民ネット）

一枚のファクス

一枚のファクスが入ってきた。

「マンション反対、景観を守れ　建設予定地を購入、秋田の企業」
「秋田市景観賞を受賞している同市保戸野中町通りのマンション建設計画をめぐり、地元に住む辻兵吉・秋田商工会議所会頭（七七歳）のグループ企業五社が九月三日仙台市のマンション業者から建設予定地（約一二三〇平方メートル）を一億六五〇〇万円で購入した」（ヤフーニュース・東北河北新報）

友人である、辻兵吉氏の名前が目に飛び込んできた。私の大学の同級生で、秋田の名士である。突然、一昔も二昔も前のことを思い出した。大学を卒業して就職した会社は、第2章でも述べたとおり私は髙島屋百貨店であったが、彼は「髙島屋飯田」（商社）に就職した。同じグループの会社同士でもあったし、出勤場所も日本橋と京橋ということで比較的近いということもあって卒業してからも付き合いが続いていた。入社後二、三年が経って私が係長になったころ、辻さんが私の店に来て「秋田のふとん店である『辻兵』を百貨店にしたいと思っているがどんなものだろうか」と相談をもちかけられた。ちょうど昭和三〇年当初は、都心型百貨店が多店舗展開といった系列化を考えはじめたころである。ともかく、上役につないで検討がはじまり、二、三年の経過を経て秋田に「辻兵百貨店」が誕生した。

この間、私は係長の肩書きで人事教育のような役割を担ったため、計画から完成まで十数回にわたって上野発の夜行列車で秋田へと足を運んだ。その際、地方の大金持ちの生活を身近に見ることができ、今日とは逆の意味で都会との落差をしみじみと味わった。保戸野中町にある辻さんの本宅へ伺ったときのことだが、広大な一〇〇〇坪の敷地に大広間を含むお座敷が南に面し、遥かかなたに秋田城がのぞめるロケーションとなっていた。街なかにありながら、青い空の彼方に秋田城が見わたせるのだ。六代目か七代目かの辻家のご先祖が、わが家の景観のためにということで秋田城に至る土地や家屋を買ってあるという。「なるほど、金持ちにはこんな贅沢ができるのだ」と、ひどく感じ入ったものだった。

はからずも、今回、辻さん宅の並びにある元日銀秋田支店長のお宅がマンション業者により七階建て（高さ二〇メートル）のマンションになるというプランが出てその反対運動が起こり、辻会頭への嘆願書をきっかけに傘下企業の五社が「助け舟」を出してその予定地が購入され、マンション問題が解決するという異例のことが起きたのだ。この一枚のファクスが私に与えた衝撃は、やはり辻さんにはご先祖と同じＤＮＡが受け継がれているのだということである。そして、昔見た庭園からの景色が鮮明によみがえってきた。長い友情をかみしめ、早速、「よくぞやった！」

との思いを電話で伝えた。

これこそが資産家で、長年にわたって信用を得ている人が地元の人々の生活を守る、筋の通ったやり方である。いわゆる成り上がりの、まったく周辺の環境や歴史を考慮せずに、取得した土地の値段とそれを元手に利益を生み出す建物を造って建て逃げをするという発想とは根本的に違う。こういう考え方が、地方にはまだまだ残っているということは本当に喜ばしいことである。これこそが、ヨーロッパの国々の人たちが言う「貴族のオブリージュ（義務）」というものであろう。

日本人の衣・食・住の感覚——とくに住感覚について

日本人は、衣・食に対しては優れた感覚をもっている。衣に対して言えば、その多種類の素材と豊かな色使いによって世界に類のない「きもの文化」をつくりあげ、着捨てることなく何度も洗って着続ける。昔、母親が庭先で伸子針《しんし》を使って洗い張りの下準備をしていた姿が目に浮ぶが、かつての日本人はものを大切にする方法を知っていた。また、食べ物のほうも、日本の味を大切にし、いまや健康食の手本とまで言われている。それぞれ、日本の風土にふさわしいものから出発して、人間の肉体に馴じむものをつくりあげてきたわけである。日本人の衣・食は、人間を大切にしていとおしむ文化であると思う。

それに対して、「住」のほうは何という貧弱さだろうか。住居のみならず住環境は、何を錯覚したのか、木造の家は軒で日射しをさえぎり、縁側で直《じか》に自然の庭に接して呼吸するというような日本の風土にあった家をぶち壊し、コンクリートの薄っぺらなタウンハウスか、言葉の本来の意味のマンションとは縁の遠い「マンション」や、団地形式で屏風のように並ぶコンクリートの塊のような家で満足させられている。まるで、旧ソ連の社会主義時代の住宅のように、荒野に林立する無機質なアパート群のようである。家が語りかける街並みに、その村の、その町の、その国の文化がかもし出されるはずだ。日本人は、衣・食にはすばらしい感覚をもっていながら住に対しては何故ここまで無関心になり、日本の木の文化を否定し、風景まで変えてしまうコンクリートのブロックに席をゆずるのであろうか。

裁判がはじまったころ、明和地所の関弁護士が、「パリのエッフェル塔が、パリの街並みに突出しているではないか」と言った。環境を破壊している明和のマンションが、何でエッフェル塔に凝せられるのか。頭も感覚もマヒしているとしか言いようがない。この人は、あるときは「高層ビルの建ち並ぶ新宿が美しい」と言う。どうやら、新宿という商業都市と国立の住宅街の区別もつかない人らしい。「住むところ」は、明日への生命をつくり出し、「動」から「静」へと血液の流れをしずめるところである。また、人と人との温かさを確かめあうところであるはずだ。

たとえ中心街であっても、香港の繁華街と新宿の繁華街とでは営みの実態がまったく異なることを知って欲しい。パリのシャンゼリゼ通りは高さは七階までに規制されており、電灯は三色にかぎられ、白色光を中心に落ち着いた夜が演出されている。昔、三越がパリに進出したときに、あの店の赤い㊌のマークが認められず、遂に金色になったといういきさつを聞いたことがある。そのとき、パリ市は店のトレードマークとなっている色まで取り締まるものなのだと感心したものだった。そこには文化都市、観光都市にふさわしい伝統が生きていて、訪ねてくる人の視線にやさしく訴えている。

どこの国の大都市でも、郊外にある住宅街はそれなりに周囲とマッチしている。ロンドン、パリ、ニューヨーク、そしてサンフランシスコだって、中心街には高層のオフィスビルが立ち並んでいる（外観に配慮があり、建築家のセンスも優れている）が、住宅街は緑と家並みのバランスがよく、教会の塔以外は視野に入らない青空が広がっている。つまり、人が住むにふさわしい条件がそろっているのだ。

地面に近いところでこそ人は住みやすく、自分の脈拍は落ち着くものだ。日本はもう発展途上国ではないのだから、国内では落ち着いた経済発展を進め、環境を破壊せず、リサイクル、リユースを基本にして生活形態を考えてゆくべきだろう。壊さずに生きる生き方を編み出していきたい。破壊はあきた！　一度壊された自然や環境は、二度と再びわれわれの手には戻ってこない。

「北京のチョウチョ」

元三重県知事である北川正恭氏の話を聴く機会があった。そのたいへん力強い内容に、これからの日本のリーダーの一人だと感心した。

その際、「北京でチョウチョがはばたくと、遠く離れたニューヨークでハリケーンが生じる。ごくわずかな気流の乱れが、巨大な風を引き起こしミクロのゆらぎが予想をはるかに超えたマクロの変化をもたらす」と書かれた朝日新聞（平成一五年五月一一日）のオピニオン欄の時流自論の記事が配られた。そのとき、私たちが行っているこの運動も小さなゆらぎだったかもしれないが、東京地裁の宮岡判決（平成一四年一二月一八日）こそがまさにこれに当たるのではないかと胸が熱くなった。

記事のなかには、改革の必要性を熱っぽく説き、Jリーグ設立時、川渕三郎チェアマンが大反対のなかチーム名に企業名でなくそのチームの所在地名を入れたことも紹介されている。それが各地域でサッカーブームに火をつけることになり、地名という「チョウチョ」が羽ばたいたと日本サッカーの例を挙げている。そうだ、私たちも国立の「チョウチョ」を飛ばし、「業者は建て逃げ、住民は泣き寝入り」となっている現状を打破し、建築行政と業者との癒着構造を断ち切るきっかけをつくろう！

景観市民運動全国ネットの設立

約七年に及んだ国立のマンション運動のなかで、裁判の結果が勝訴の場合はマスコミの反応がすさまじく、逆に敗訴の場合は扱いが小さくなり、世の中とはそんなものなんだということを思い知った。しかし、何より驚いたのは、小さい芥子粒《けし》のような存在でありながら同じような悩みをもった多くの方々から声をかけられ、とくに宮岡判決後は身近な関東周辺はもとより、大阪、京都、名古屋、長野といったところで悩みを抱えておられる人たちの訪問を受けたことだ。さらに、この種の運動に直接関係がなくとも、本当のところを知りたいと、建築関係および将来司法の道に進もうと考えている学生さんたち（東京大学、早稲田大学、龍谷大学、山梨大学、上智大学、そして韓国の大学からも……）が現地を見て、私たちの経験や意見を求めてきたというケースが月に二回以上にも及んだことだ。

百聞は一見にしかず。みなさんはご覧になって初めて、異様に大きいマンションであることを理解される。そして、同じような現場に直面している市民の方々は、まず、自分たちの現状はもっと不利で無力であることを吐露して「何から」はじめたらいいのかと訴えられる。そのとき、私は以下のことをお伝えした。

・誰しも、初めは知恵も経験もない素手の市民である。

・同志が集まってくれば（共同の目的のため）方策が浮び、役割分担ができる。
・リーダーを選び、定期的に集まって情報を共有して進む。
・目的のためには継続が力となる。英国の首相であったウィンストン・チャーチルの、「ネバーネバー、ネバー、ネバー、ギブ・アップ」の精神が必要。

日本人はその性格上、熱い思いをつなぐことが下手で、すぐに忘れてすぐ諦める。結構性格が淡白で、初心を忘れず、喰いついたら離さないという力強さに乏しい。私たちが続いているのは、あのマンションがなかったころの素晴らしい景観が原風景としてしっかり脳裏に刻まれていて、あの景観を再現させるのが次世代への務めだと思っているからである。

全国からの問い合わせは、直接の現地訪問だけでなく、電話あるいは年に一度開催しているシンポジウムにまで及んだ。社会的にも法的にも矛盾のある制度に挑むことをやっていると、種々の運動のかけ込み寺的な役割を担わなければならないと考えるようになった。

さらに、大藤判決が決意を一層強固なものにした。大藤敏裁判長は、「景観は行政が主体となってつくるべきものだ」と言って宮岡判決の「景観利益」を否定したうえ、明和の景観破壊の事実に目をつむって逆に明和を擁護までした。判決を手にして、この裁判官はまず市民社会というものがまったくわかっていないだけでなく、このような判決を出してもいまの日本の社会で通用すると考えているのだな、それは、裏を返せば日本の市民社会の未成熟さを物語っていると思った。

ならば、裁判官がこのような判決を出せないくらいに日本を成熟した市民社会にしていかなければならない。景観という切り口から成熟した市民社会をめざそう、いまの国立ならばこれに手をつけることができるし、国立の問題に協力してくださった多くの方々へのご恩返しにもなる。是非とも全国ネットを立ち上げて、各地に点在する活動を線でつなげようと考えた。そのきっかけをつくってくれたのが、ほかならぬ大西さんだった。

大西さんは、国立マンション紛争を初めから裏で支えてくれていた井上赫郎さん（国立生まれ、桐朋学園出身）と渋谷区の西原でマンション反対運動をしている大内由利さんに相談をもちかけた。井上さんは都市計画の研究を専門とされており、大学で講師を務めたり、「株式会社まちづくり研究所」をつくって実際的に市民運動の相談相手をされている温厚で知識豊富な方である。

平成一七年（二〇〇五年）三月六日、幡ヶ谷の「渋谷区総合ケアコミュニティせせらぎ」（略称・せせらぎ）で初会合をもった。趣旨確認、呼びかけなどを検討していたころは四グループで一〇名程度だったが、月一回の会を重ねるごとにグループが増えて秋ごろには五〇名近くになった。会場の準備は毎回大内さんが行い、会の進行は井上さんが中心になって進められた。新しく参加するグループの問題を紹介し、問題点が何かを話し合うのにかなり時間がかかるため、通常予定している午後一時三〇分から四時三〇分まででは時間がまったく足らなかった。

当時、東京女学館に隣接する日赤広尾のマンションが大問題となっていた。そこで私たちは、東京女学館を会場にして「景観市民運動全国ネット」を立ち上げることにした。約八か月にわたる議論で共有できた問題意識は、設立集会の参加呼びかけのチラシにまとめられている。

まず、「設立の目的」は次のように書かれている。

二〇〇二年（平成一四年）一二月一八日の宮岡判決につづき、昨年二〇〇四年（平成一六年）一二月には「景観法」が施行されるなど、時代は大きく変わろうとしています。しかし、開発業者の強引な開発による景観破壊が一向に減っていません。昨年一年、都内で起きたマンション開発業者と住民による紛争は約一〇〇〇件に上ったと言われています。これは、身近なまちの景観が次々と破壊されることに住民が「ノー」を突きつけた結果です。物言わぬ市民から物言う市民へ、「景観市民運動全国ネット」はそういう景観意識をもった市民を一つに結びつけるネットワークです。すでに、次の団体が参加・協力を表明しています。

東京海上跡地から大学通りの環境を考える会（国立市）／西原の環境と景観を考える会（渋谷区）／もめタネ研究会／ときわ台まちづくり委員会（板橋区）／真間山の緑地を守る会（市川市）／渋谷区立小中ＰＴＡ連合会／代官山すてきな街づくり協議会（渋谷区）／東京女学館（渋谷区）／野川のハケの森の会（世田谷区）／旧日本ＩＢＭグランド跡地対策協議会（町田市）／ヨコハマ市民環境協議会（横浜市）／三井グランドの森を守る会（杉並区）／練馬環境と景観を考える会（練馬区）／外環道・青梅街道インターチェンジに反対す

る会（杉並区）／善福寺水と緑の会（杉並区）／渋谷を美しくし隊（渋谷区）／東映跡地近隣住民の住環境を維持する会（練馬区）

決して大きくない一個人、一地域、一団体の力を結び、開発業者に真正面から立ち向かえる大きな力にしていきます。市民の協働によりつくられる美しいまちは、成熟した市民社会のバロメーターです。私たちは、市民が主体となった景観づくり、まちづくりを社会的な運動として高めていくことを目指します。

つづく「活動の柱」では、次のように書かれている。

緑あふれる森がある日突然更地になり、巨大マンション群が林立する。住宅街の古い総合病院が閉鎖された跡地にのっぽなマンションが建ち、青空を奪う。学校が移転した跡地に、何棟もの高層マンションが次々に建つ。工場が移転したら、用途地域の見直しをしないまま超高層マンションが建てられた。これは特別なことではなく、今、日本の多くの大都市で日常的に起きていることです。戸惑いと不安、そして怒りの声が、今日本の各地でわき上がっています。紛争に巻き込まれた多くの市民は孤立し、開発業者の一方的な行為になす術《すべ》もないのが現状です。そのような住民を一つに結び、問題や課題を共有することで解決の方向を探り、大きな運動として広げていくことが「景観市民ネット」の目指す第一の柱です。

第二の柱は、突然のマンション計画に見直しを求めても、業者の言い分は法律を守っているのだからどんな建物を建てようと自由だ、というものです。自治体に訴えても対応は鈍く、住民の意向を聞き入れることはほとんどありません。このような開発行為を予防する方法はないのでしょうか。あります。それは、住民が自分たちのまちの景観は自分たちで守るという強い意思と自治体任せにしない住民の姿勢こそが開発業者による景観破壊を未然に防ぐもっとも確実な近道です。「景観市民ネット」は、そのための知恵を出し合うことを第二の柱として計画しています。

平成一七年（二〇〇五年）一二月三日（土）の設立集会には、全国から約一六〇名が集まった。まず、私から市民ネット設立の必要を訴えた。その後、各地の八つの市民運動団体から活動報告がなされた。広尾、国立、町田、横浜、名古屋、京都、渋谷、世田谷からの報告では、開発事業者の横暴な計画や規制緩和の名のもとに進行する景観・環境破壊に対する強い憤りと闘いの決意が表明された。

後半には、今後の景観市民ネットの活動方針をめぐって参加者による意見交換がなされた。景観市民ネットに対する熱い期待が表明され、関係者は身を引き締める思いだった。そして、これまでの行きがかり上、私が代表に、大西さんが副代表に選ばれた。

景観市民ネットの活動

二〇〇六年（平成一八年）となり、景観市民ネットはいよいよ本格的にスタートした。事務所は、赤坂にある大内さんのお父様の会社に置かせてもらうことになった。毎月一回の定例会は、土曜日の午後一時三〇分から四時三〇分まで幡ヶ谷の「せせらぎ」で開かれ、毎回二〇〜三〇名の参加者があり、その都度新顔が増えていっている。この定例会の運営は井上嚇郎事務局長が行い、何が報告され、討議され、何が話題になったかがまとめられて次回の会議で配布されることになっている。実に、経緯がよくわかる。

いつも活発な議論が展開され、二〇〇六年に定例会で問題にしたケースを表にしたので参考にしていただきたい。

なお、景観市民ネットの会員が続けていた裁判では、設立集会直後の二〇〇五年一二月一九日、既に述べた国立の四億円裁判の根本判決が出て地区計画の有効性が認められ、二〇〇六年三月三〇日には民事裁判の最高裁判決が出て景観利益が認められた。さらにこの景観利益は、同年九月八日、常盤台の裁判で住居地域だけでなく商業地域でも認められた。

設立集会からちょうど一年後の二〇〇六年一二月三日、「景観市民ネット」の第二回の市民集

表　2006年度の討議内容一覧

地区名	項　目	地区名	項　目
国立市	明和地所マンション	渋谷区	鉢山町住友不動産マンション
渋谷区	西原丸紅マンション	府中市	まちづくり市民の衆
板橋区	常盤台タカラレーベンマンション	目黒区	青葉台住友不動産マンション
市川市	真間山サンウッドマンション	中野区	東中野三井不動産マンション
渋谷区	小中学校ＰＴＡ連合会	渋谷区	初台清水建設マンション
町田市	長谷工マンション	朝霞市	朝霞マンション
横浜市	地下室マンション（市民環境会議）	——	武蔵工業大学研究室調査発表
		文京区	小石川マンション
杉並区	外環道路（善福寺）	豊島区	明治通り沿道マンション
渋谷区	宮下公園開発プロジェクト	大田区	北千束明和地所マンション
渋谷区	日赤広尾マンション	松戸市	「関さんの森」都市計画道路
杉並区	浜田山三井グランド開発	日野市	まちづくり委員会
練馬区	大泉学園の環境と景観を考える会	港　区	まちづくりの会
		葛飾区	金町タカラレーベンマンション
大田区	馬込野村不動産マンション	——	中央大学研究室（調査）
世田谷区	二子玉川市街地再開発事業	渋谷区	絶対高さ制限運動
渋谷区	千駄ヶ谷住友不動産ビル		

会が「せせらぎ」の大会議室で開かれた。

　第一部の活動報告では、①マンション問題としては、杉並区・三井グランドと森を守る会、文京区・湯立坂マンション建設を考える住民の会、つくば市・つくばまちづくりフロント、②環境問題としては、松戸市・関さんの森を育む会、杉並区・善福寺水と緑の会（外環道問題）、③自治体政策関連としては、渋谷区の建築紛争と市民運動、川崎市のまちづくり・環境運動川崎市民連絡会から、それぞれ報告がなされた。

　第二部のパネルディスカッションでは、景観利益を市民の力で景観破壊防止に活用するために、国立マンションの裁判と板橋・常盤台マンション裁判の報告がそれぞれ行われた。このときの解説は小林容子弁護士にお願いした。また、当日、機関紙「景観市民」（A４版八ページ）の創刊号も発行された。

景観市民ネットは当面の課題としては、以下の三つを考えている。

❶社会的な認知の獲得と活動範囲の拡大のためにNPO法人化の実現。
❷フランスのミシュランのレイティングを念頭に置いた市民の側からのマンション評価。
❸問題への対応の手引きとなるブックレットの作成など。

また、闘いの経験から、行政（とくに地方自治体）をなんとかしなければ事業者を変えられないとの認識が高まってきている。そのために、政策提案や選挙活動などの取り組みの模索もはじまっている。

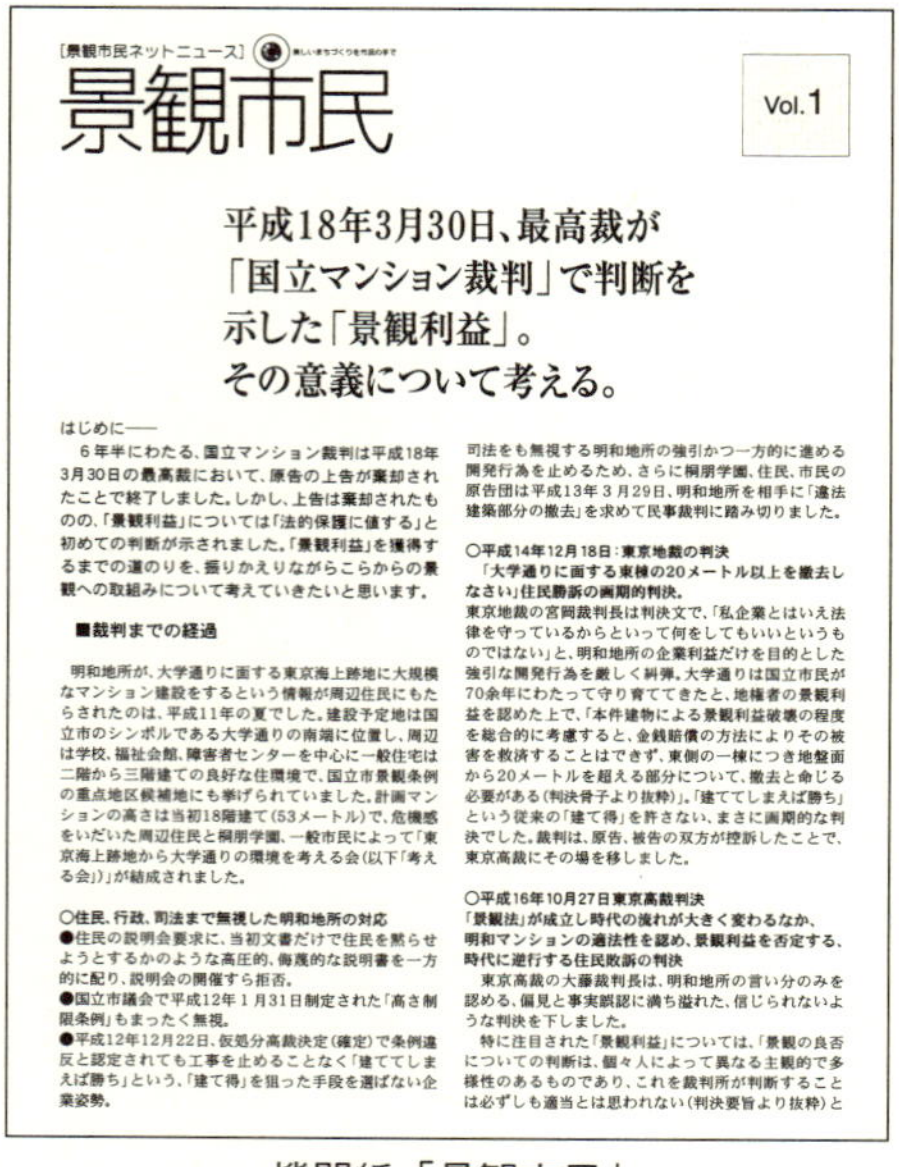
[景観市民ネットニュース]

景観市民

Vol.1

平成18年3月30日、最高裁が「国立マンション裁判」で判断を示した「景観利益」。その意義について考える。

はじめに――

６年半にわたる、国立マンション裁判は平成18年3月30日の最高裁において、原告の上告が棄却されたことで終了しました。しかし、上告は棄却されたものの、「景観利益」については「法的保護に値する」と初めての判断が示されました。「景観利益」を獲得するまでの道のりを、振りかえりながらこらからの景観への取組みについて考えていきたいと思います。

■裁判までの経過

明和地所が、大学通りに面する東京海上跡地に大規模なマンション建設をするという情報が周辺住民にもたらされたのは、平成11年の夏でした。建設予定地は国立市のシンボルである大学通りの南端に位置し、周辺は学校、福祉会館、障害者センターを中心に一般住宅は二階から三階建ての良好な住環境で、国立市景観条例の重点地区候補地にも挙げられていました。計画マンションの高さは当初18階建て（53メートル）で、危機感をいだいた周辺住民と桐朋学園、一般市民によって「東京海上跡地から大学通りの環境を考える会（以下「考える会」）」が結成されました。

○住民、行政、司法まで無視した明和地所の対応
●住民の説明会要求に、当初文書だけで住民を黙らせようとするかのような高圧的、侮蔑的な説明書を一方的に配り、説明会の開催すら拒否。
●国立市議会で平成12年１月31日制定された「高さ制限条例」もまったく無視。
●平成12年12月22日、仮処分高裁決定（確定）で条例違反と認定されても工事を止めることなく「建ててしまえば勝ち」という、「建て得」を狙った手段を選ばない企業姿勢。

司法をも無視する明和地所の強引かつ一方的に進める開発行為を止めるため、さらに桐朋学園、住民、市民の原告団は平成13年３月29日、明和地所を相手に「違法建築部分の撤去」を求めて民事裁判に踏み切りました。

○平成14年12月18日：東京地裁の判決
「大学通りに面する東棟の20メートル以上を撤去しなさい」住民勝訴の画期的判決。
東京地裁の宮岡裁判長は判決文で、「私企業とはいえ法律を守っているからといって何をしてもいいというものではない」と、明和地所の企業利益だけを目的とした強引な開発行為を厳しく糾弾。大学通りは国立市民が70余年にわたって守り育ててきたと、地権者の景観利益を認めた上で、「本件建物による景観利益破壊の程度を総合的に考慮すると、金銭賠償の方法によりその被害を救済することはできず、東側の一棟につき地盤面から20メートルを超える部分について、撤去と命じる必要がある（判決骨子より抜粋）」。「建ててしまえば勝ち」という従来の「建て得」を許さない、まさに画期的な判決でした。裁判は、原告、被告の双方が控訴したことで、東京高裁にその場を移しました。

○平成16年10月27日東京高裁判決
「景観法」が成立し時代の流れが大きく変わるなか、明和マンションの適法性を認め、景観利益を否定する、時代に逆行する住民敗訴の判決
東京高裁の大藤裁判長は、明和地所の言い分のみを認める、偏見と事実誤認に満ち溢れた、信じられないような判決を下しました。
特に注目された「景観利益」については、「景観の良否についての判断は、個々人によって異なる主観的で多様性のあるものであり、これを裁判所が判断することは必ずしも適当とは思われない（判決要旨より抜粋）と

機関紙「景観市民」

景観市民ネットを立ち上げて約二年が経過した（二〇〇七年秋現在）。数多くの現場の報告を受けて、われわれのめざさなければならないものがより明確になってきた。ある日、突然森が更地になり、病院、学校、工場の跡地に高層マンションが建つという現実を目の当たりにして、マンション問題とは「建築問題」というよりはむしろ「土地利用の問題」であるということがはっきりとわかってきた。

そもそも土地利用に関しては、土地基本法二条において「土地については公共の福祉を優先させるものとする」と謳われ、公共性が最優先されている。また、都市計画法の一条では、「法の目的を都市の健全な発展を図り、もって公共の福祉の増進に寄与すること」としている。

そして、建築に先立つ開発行為の許可に際して都市計画法三三条が規定している要件、すなわち環境・災害・通行上支障がないか、周辺地域に溢水被害が出ないか、また周辺の地域との環境の保全が図られるよう公共施設・学校、その他の公益的施設が用意されているか、地盤の沈下・崖崩れ・出水防止の措置が講ぜられているか、一定規模以上の開発では樹木の保存・表土保全の措置や騒音・振動等による環境悪化防止のための緑地帯の配置がなされているか、といった土地利用の公共性にかかわる項目を具体的に審査したうえで開発許可は出されることになっている。

しかし、行政の実務ではそのように審査は行われていない。建築行政は、耐震偽装に見るように建築基準法の運用もいい加減だが、開発許可の出し方はそれに輪をかけていい加減で、本来許可すべきでない開発がほとんどフリーパスで許可されているという実態がある。そのしわ寄せがすべて住民に回され、業者は儲けだけを手にして、景観・住環境の破壊をして建て逃げをしていく。この業者と行政の馴れ合い・癒着の構造を、絶対に断ち切らなければならない。

開発許可の問題に関しては、これまであまり住民サイドのメスが入らなかった。建築行政が都市計画法三三条を厳正に運用するならば、多くのマンション紛争は未然に防げることは間違いない。しかし、そのためにはまず行政を正さなければならない。このような行政実務の現実があるために、景観市民ネットにもち込まれる問題も行政に関するものが多い。

また、メンバーの多くが二〇〇七年の統一地方選挙で議会や首長の選挙に大きくかかわりはじめているのも、このような現実を踏まえてのことだ。この市民運動は、自分たちの行政づくり、自分たちの議会づくりへと向かっているように思う。つまり、パブリックを市民の手に取り戻す方向に、市民社会を成熟させる方向に向かっている、と実感している。

あとがき——まちを守ることは第二世代の命を守ること

私は、この明和マンション問題を通して世相を見た思いがする。本当に多くのこと、いままで知らなかったこと、そして世の中の裏を学んだ。もし、この運動に関係していなかったら、これだけの社会勉強、社会現象に直《じか》に触れ、自分の目で見て実感することは到底できなかっただろう。いままでの生きた時間の長さに匹敵するぐらい重い内容のものである。これこそが、私がいまの日本のレベルで抱いている課題に通ずる、というものが少なくなかった。同時に、いまの日本社会がかかえている課題をはっきりと教えてくれた。

運動を通じて思うことは、日本人には臆病で弱虫で感受性の乏しい人がいかに多いかということである。戦前の教育と違って、戦後は男女共学の教育、個を大切にする民主主義教育を受けたはずであるのに自分の頭で考えて自分の意見をもたないなどということは信じられない。「意見のない者は首のないのも同じ」という、戦後の力強い教育はどこへいってしまったのか。自分の意見をもっているにもかかわらず発言をしない人が多くなったのは何故なのだろうか。誰にでもよく思われようという、ずる賢い人間が多くなったことは嘆かわしい。これは、教育そのものの結果もあるが、むしろ社会へ出て企業に就職し、その組織のなかの序列と終身雇用に安んじて上役の顔色だけを見、保身の術にたけてきた大企業病の弊《へい》とも言うべきであろう。

これに関連して思うことは、戦後教育の一つの特徴である「平等」、「公正」、「中立」ということである。競うことをやめ、運動会でも一等、二等という差をつけない、という実態に現れているとしか思えない。ここまで行くと、明らかに常軌を逸していると言える。

こういう考え方は最近の日本に顕著なもので、あるときは小さな村で通じても広く世界には通じない。競争原理だけが働いて優劣が決まる社会がいい、と言っているのではない。組織のなかにも、一人ひとりの意志が働くべきではないだろうか。組織のなかで、異を唱えることに臆病になってはならない。

終章でも記したように、日本人はその衣・食・住のなかで、衣と食についてはとても素晴らしい美的感覚をもち、その繊細な感性、妥協のないものづくり、そしてその表現力は世界にも類を見ないものをもっていると思うが、いかんせん住に関しては、個人の住居からまちづくりまで信じられないほど無感覚で無秩序、そして無関心である。おもちゃ箱をひっくり返したような環境のなかに甘んじて住んでいるケースが多い。これは、一体どうしてなのだろう。この紛争にかかわって以来、ずっと心のなかで抱き続けてきた疑問である。

一つは、日本は有史以来海という自然の要害に囲まれている国土のため外敵の侵入に備えるという発想が皆無で、それが無防備で脇の甘い国民性となっているのか、はたまた島国根性的な身内意識からなのか、ともかく危機管理に関する能力が欠如していると言える。そのため、時間をかけ、自分たちの手でつくり上げてきた大事なまちの景観を無慙にも破壊する行為を、なすすべもなく手を拱《こまね》いて見ているケースが多い。そして、自分が直接影響を受けないというエゴからか、大会社の社宅に住む人たちは、平然と人ごとのように「中立」の立場を口にし、直接に運動にかかわることを拒む場合が多い。現在、国立《くにたち》の環境を享受しながら大会社に守られているため、破壊的行為や醜悪な建物に対して「ノー」とは言わない。誰かほかの第三者がやってくれると思っているのか、目の前で起きていることがまったく見えていない。

さらにもう一つ、戦争に敗れて半世紀以上、工業立国の旗印のもとに大量生産、大量破壊、大量放棄を前提として再び生産できない大切な空間を破壊しながら生きてきた結果、コンクリート信仰や非人間的な空間に馴れてしまい、自分の目の高さを忘れてしまったのかもしれない。

朝、家を出て、一日の活力を職場で吐き出し、アフターファイブはひたすら職場の人間関係を大切にして「ノミニケーション」を優先すれば、自分の家に帰るのは深夜に及んでしまって近所付き合いなどは望むべくもない。東京周辺の郊外型人間は、このような社会的環境を通してつくられて形成されていく。満員電車、居眠り乗客、これこそが世界第二位の経済大国の実態であり、住まいについての良し悪しの判断は人任せとなっている。

自分が親元を離れて自立した過程を考えても、食べて着ることは比較的容易にできたが、その後は所帯をもつについて住まいに関心が行き、衣・食に比べて「住」への投資は格段に大きくなる。しかし、そのためには土地所有を前提とせねばならず、大都市の周辺では、僥倖（親のもっていた土地を譲り受ける）でもなければ勤倹貯蓄に努めても給与所得者は退職金をはたいても手に入れることがほとんど不可能である。これに対して、国は公務員住宅を、大企業は社宅を提供してベネフィットとしているが、これもごく一部の人のみしか恩恵にあずかれない。

こういう日本の住宅事情は、人々を郊外へと押し出し、徐々に大都会から遠いところに団地を造っていくことになった。民間の不動産業者は、そのすき間を狙ってチャンスが無限にあったと言える。一旗挙げるにも不動産業が手っ取り早く、高度経済成長の代名詞ともなった不動産ブームはこうしてつくられていった。だから、「建て逃げ」的な発想をもつ者が出てきても決して不思議なことではない。彼らがもっているのはソロバンのみで、何のポリシーも使命感もなく、私たちが築いたものを、目の前に立ちはだかる者を、次々となぎ倒していく。

個人の立場から言って、言うまでもなく住宅は大きな買い物であるわけだから、業者を慎重に選ばなければならない。このことは、どんなに強調しても強調しすぎることはないと思っている。人間の営みのなかで人間らしく生きること、住まいのなかに家族の営みがあり、家の周辺の環境は子どもの成長に大きく左右する。「孟母三遷」の教えの通り、親が子どもの行く末に影響を与える周囲の事情に配慮することが大切であることは言うまでもない。十分注意をして決めなければならない住居を、忙しさを理由としたり、ともすれば親の都合で喧騒な都会のなかにしてしまう場合がある。子どもの育つ環境という視点を忘れていないだろうか。

考えてみたら、私たちの運動は「景観利益」を獲得するためのものだったと言えよう。ほとんど形骸化していた「景観」という言葉がここ数年で息を吹き返して、すばらしい中味の詰まった言葉に進化したのではないだろうか。死語が復活して、生き生きとよみがえってきたことを本当に嬉しく思う。

そして最後になるが、日本のエリートには「ノーブレス・オブリージュ」の気概がまったくなくなってしまったように思う。むしろ、いやらしいエリート意識をもっているため、危ないことは人にやらせて見て見ぬ振りを平気で行っているようにも思う。本来、率先して矢面に立って闘い、事を正すことに努力することこそが尊敬される姿だということを忘れてしまっている。敗戦以来、日本には階級がなくなったが、同時に知的なエリートもいなくなってしまったと思う。

まちを本気で守ろうとしているのは、次の世代を産み育てている女性だということをあえて言いたい。いまのような世の中では、良心的な行動ができる女性こそが頼りになる。

八年前に国立で起こったマンションのいきさつを是非みなさんに知ってもらいたいし、この運動の代表である私が書くことによって、本当にあったことが語れると思って筆をとった。もちろん、私の手元にある断片的なメモだけでは十分ではなかったが、それも相当な分量になっていた。それに加えて、この種の運動には珍しく当初から「考える会」が出し続けたビラ、二〇〇回を超える一八団体の事務局会議、平均して週一回のペースで行われた打ち合せ会のメモ、そして新聞の切り抜きも含めて膨大な資料となり、二〇〇ページに及ぶ中味の濃いマンション闘争記録「うまい汁」ができていた。

いまとなれば、これも参考になる貴重な記録だ。それぞれのエネルギーが詰まっているこの運動の記録。ここから、仲間である同志の息遣いが伝わってくる。

本書ができあがるまで、かなりの時間を要してしまった。お読みいただいておわかりのように、裁判をテーマとする書物のため、さまざまな資料収集や整理、そしてその確認作業に大変手間取ったからだ。このたいへんな作業をサポートしてくれたのが、大西信也さん、川合智子さんである。そして、とくに裁判場面の表記に関して細部にわたって確認していただいた若菜允子弁護士、また一人ひとりお名前を記すことができないが、本当に多くの方々にお世話になった。そのなかには、運動においてポスターを作成してくれたり、本書のカバーデザインを担当してもらった吉田宏一さんもいる。この場を借りて心から御礼を申し上げる。

最後に、本書のような難しいテーマの企画を快く引き受けていただいた株式会社新評論の武市一幸社長にも感謝を申し上げる。

石原一子

二〇〇七年　九月二五日

著者紹介

石原一子（いしはら・いちこ）

1924年旧満州・大連市に生れる。東京女子大学、東京商科大学（現一橋大学）卒業後、52年、㈱髙島屋に入社。79年の取締役本社広報室長を経て81年に常務取締役就任。86年、ハーバードビジネススクール（AMPコース）卒業。87年、髙島屋退社後、東邦生命保険相互会社取締役、一橋大学非常勤講師、住友ゴム工業株式会社顧問、92～96年、Sara Leeジャパン株式会社、Gapジャパン株式会社特別顧問を歴任した後、03年、ぎょうせいプロモーション・フォーブス諮問委員、現在に至る。

75年～94年、総理府婦人問題企画推進有識者会議委員、大蔵省、経済企画庁、建設省、日本高速道路公団の各諮問委員等多くの公職を務める。

エイボン女性大賞（80年）、婦人関係功労者内閣総理大臣表彰（85年）、輸入促進事業協力貢献者・企業に対する感謝状（JETRO、85年）、日本能率協会マーケティング功労賞（87年）、経済産業大臣賞（05年）を受賞。

著書に『女は人材』（三笠書房、1974年）、『売り場のヒット商品学』（ビジネス社、1978年）、訳書として『男のように考え、レディのようにふるまい、犬の如く働け』（デレク・A・ニュートン著、サンケイ出版、1980年）がある。

㈶東京女子大学後援財団理事長、㈶日本女性学習財団評議員。（独立行政法人）農業環境技術研究所顧問、経済同友クラブ理事。

景観にかける
—国立マンション訴訟を闘って—　（検印廃止）

2007年10月25日　初版第1刷発行

著　者　石　原　一　子

発行者　武　市　一　幸

発行所　株式会社　新　評　論

〒169-0051 東京都新宿区西早稲田 3-16-28
電話 03(3202)7391
振替・00160-1-113487

落丁・乱丁はお取り替えします。
定価はカバーに表示してあります。
http://www.shinhyoron.co.jp

印刷　フォレスト
製本　清水製本プラス紙工
装幀　吉田宏一

ISBN978-4-7948-0750-2